本书编委会与厉以宁总顾问合影留念

新时代金矿

政信金融投资指南（二）

政信投资有限公司◎编著

经济管理出版社
ECONOMY & MANAGEMENT PUBLISHING HOUSE

图书在版编目（CIP）数据

新时代金矿：政信金融投资指南（二）/政信投资有限公司编著．—北京：经济管理出版社，2020.9（2021.3重印）

ISBN 978-7-5096-7362-1

Ⅰ.①新…　Ⅱ.①政…　Ⅲ.①金融投资—中国—指南　Ⅳ.①F832.48-62

中国版本图书馆 CIP 数据核字（2020）第 152433 号

组稿编辑：郭丽娟
责任编辑：魏晨红
责任印制：黄章平
责任校对：张晓燕

出版发行：经济管理出版社
（北京市海淀区北蜂窝 8 号中雅大厦 A 座 11 层　100038）
网　　址：www.E-mp.com.cn
电　　话：（010）51915602
印　　刷：唐山昊达印刷有限公司
经　　销：新华书店
开　　本：720mm×1000mm/16
印　　张：16.25
字　　数：220 千字
版　　次：2020 年 10 月第 1 版　　2021 年 3 月第 2 次印刷
书　　号：ISBN 978-7-5096-7362-1
定　　价：68.00 元

·版权所有　翻印必究·

凡购本社图书，如有印装错误，由本社读者服务部负责调换。
联系地址：北京阜外月坛北小街 2 号
电话：（010）68022974　邮编：100836

本书编委会

总顾问： 厉以宁

主　编： 裴棕伟

副主编： 何晓宇　邱　鹰　吕世杰

郭丽娟　于长勇　廖宏欢

委　员： 杜善凡　陈立强　张　磊

丁　洁　张雯伊　于长花

序言

PPP 行业在西方国家发展较快，无论是民间的课题研究，研究机构对城乡的调查和咨询服务，还是智库人才的发现和推介，都取得成绩，并积累了丰富的经验。近五年来，在中国政府的积极推动下，PPP模式快速发展并形成了规模达 12 万亿元的巨大市场，虽积累了丰富的经验，当然也暴露出了一些问题。对于中国来说，如何汲取西方国家的经验，并在工作中汲取它们的长处，值得我们思考。

以 PPP 为核心领域的政信金融服务，是金融业的一个重要细分领域。政信金融是基于地方政府公共信用产品的金融产品，具有政策性和经营性融合的二元属性。对 PPP 和政信金融的实践总结和理论探索，对于中国金融业的健康发展、产业结构转型升级和国家治理能力现代化具有重大意义。这也是本书的主旨所在。

我们在澳大利亚和新西兰就 PPP 的参与提出了一些问题。我们感到，在澳大利亚和新西兰两国，以 PPP 的方式聚集资金，取得营造商、金融商、购房者以及其他涉及 PPP 的有关人员的信任，这样，迅速开发合适的居民住房问题也就易于完成。

在澳大利亚、新西兰，PPP 方式是有市场经济的背景的。PPP 方式在澳大利亚和新西兰两个国家才能得到广大建房者、购房者的支持。

这里涉及一个重要问题是如何利用贷款问题。如果在 PPP 的情况下，银行担心购房者拖欠贷款不愿放贷，特别是小额贷款的贷款人，则会加深人们对市场的悲观情绪，使欠银行的款项无法归还，更容易出现倒闭等情况。但根据我们在澳大利亚和新西兰两个国家 PPP 实行的情况来看，它们对发行新建居民住宅和反映来看，购房者基本上是满意的。这主要同建房者的认真和负责有关。因此，银行和建房者之间互相支持是 PPP 得以取得良好业绩的原因。

从澳大利亚和新西兰两个国家建设居民楼的过程可以看到，银行业和建房企业的合作具有重要意义，因为可供购房者的选择机会越多，购房的一方选择的范围就越大，对购房者来说机会就越多。

在澳大利亚维多利亚州海边（“十二门徒”景区），我们遇到了几位华人游客，他们是前些年来到澳大利亚的，多数在企业界工作，生活一般较稳定。他们说，以前沿海边的路不好走，不断有大石头阻碍前进，幸亏近年来已修好公路，搭上公共汽车，可以在景区上下，既安全又舒适。他们还对我们说，这些公路是通过发行公路券而聚集的。政府批准筑路规划，商界投资修路并建筑了沿线的停车场、饭店、旅馆等公共设施。政府在公路建设过程中的作用得到了国民的称赞。

实际上，我们在新交通路线上所看到的还只是澳大利亚和新西兰 PPP 的一部分。政府希望能进一步加快澳大利亚的公共设施的建设速度，但过去一直为经费而焦急，以致有些工程因经费不足而未能如期完成。现在有 PPP 方式可以利用，政府、商界、居民三方的合作是成功的例子。

最近在西方国家讨论较多的是与老龄化有关的促进老龄产业发展的研究，PPP 模式被广泛采用，包括如何建设老龄医院、疗养医院一类的规则等。同时，各个国家的老龄化的快慢不同，各个国家的老龄者的收入差别较大，因此，如何运用 PPP 模式引导有条件的国家的老龄者更好地过老龄生活，是值得社会学者们研究和实践的。

在 PPP 模式推行过程中，采取政府和社会资本合作模式是可行的。原因在于：

第一，政府和社会资本合作后，可以通过长期提供合作方式的做法引导政府资本和社会资本都增加投资的积极性，使政府资本和社会资本继续合作下去，时间越长久，效果通常越突出。

第二，当政府为老龄化提供一定的资本，以及老龄产业开始有较好的物质条件之后，政府会提出新的项目，从而会向社会提出新项目的建设需求，这在西方国家是有先例的。比如，社会资本感到机会难得，不愿放弃投资机会，可以和政府资本合作建设一些新项目，使老龄者的愿望得以实现。

第三，社会资本感觉到多元融资的分工是有利于 PPP 模式的进一步发展的，因此投资、运营、监管的分工和参与会更加自觉，从而推动社会资本的壮大，使 PPP 形式更加受到投资方的关注，使风险共担成为众多投资人都关注的焦点。

因此，PPP 模式实际上是吸收了社会资本和政府资本合作的优点，老龄产业成为实际上能发挥参与者积极性的例证。

从西方国家近年来发展 PPP 模式的经验来看，PPP 应用的范围至少还应该包括下述四个领域：咨询服务、人才培训服务、城市规划服务、行业推介服务。

第一，咨询服务。咨询服务的领域十分广阔，通常包括了城市规划、金融支撑、产业规划、公共基础设施、公共服务等方面的顶层设计等。除此之外，产业基金的评级也是咨询服务的对象。从 PPP 的咨询服务对象的角度来看，这一类咨询服务是很受投资人欢迎的。因为只要评估及时，而且有根有据，无论是哪一种投资人都会受益，这是稳定 PPP 市场的有益措施。

第二，人才培训服务。PPP 在公共基础设施方的咨询服务方面包括了对人才的关注。而人才的培训通常在前期就被注意，因为如果在咨询方面动作慢了，通常也就失去了机会，所以人才培训服务通常走在前面，形成“先下手为强”的局面。从实践来看，这方面的探索和探路多数是外商走在前面，因为它们经验较多，对成本的承担有经验。但进入21世纪以后，我国越来越多的PPP项目已由本国的行业领头了。本书的及时推出对于政信事业专业人才的培训也是有益的推进。

第三，城市规划服务。在PPP咨询业务展开的过程中，城镇化通常成为服务者关注的焦点，并且西方国家和中国的差别较大，中国的城镇化通常具有特殊性。简要地说，中国现阶段城镇化的农民进城谋生，小孩有机会上学，老人如果也一起进入城镇，那更是农民城镇化的一项特点，这类似于西方国家大约在20世纪前期就已发生的人口转移高潮。因此，中国当前的农民全家进城，带有中国农村经济的特殊性。

实际上，中国农民进入城市，落户于城市，是一件有影响的、有后续变化的大事。换句话说，农民进城安家将接连发生变化，而且会在城乡两部门同时发生变化。中国的农村人口太多，按照GDP的统计来看，通过机械化和水利工程的普及，最终留下10%的农业劳动力，就有能力保障农产品的提供。所有这些城市化、工业化和信息化的投资，大部分都是通过政信投资拉动，进而通过政企合作模式实现的，政信投资的基础性、先导性作用日渐显现。

我们可以说：只有把农民变成工人，中国才能真正成为工业国，也才能成为现代农业的种植者。

第四，行业推介服务。行业推介服务是单独的行业，需要PPP给予支持。支持是多种多样的，有些适用于这些企业，有些适用于另一些企业，各个企业的情况不同，因此没有一成不变的良方或良药，但行业经验是共赢的基础，所以推介行业经验是可行的。这些推介不仅是企业需要的，而且是政府需要的。可以预见的是，信息推介、项目推荐、产品推介和资金推介将会形成专业的领域，发展成为庞大市场，进而形成相关理论。本书在这个领域也进行了较为深入的探索。

最后，我想从PPP模式和今后的发展前景谈一些个人的考虑。

从世界PPP模式的推进和成绩来看，主要是最近30年左右的成就。政府投资和民间资本是相互推进的。有政府投资在先，民间资本的投资就放心了，顾虑就减少了；同样的道理，有民间资本在先，政府投资也会感觉到PPP这种模式是得到民间支持的，因此也愿意投入。应当注意到，投资人的投资多少，通常会因项目本身的特点而异，但政府资本和民间资本的融合是成功的基础。本书在政府投资与民间资本的联动效应方面也做了较为深入的探索。

总的来说，PPP模式还会继续发展。新的规范必须经过公众多数的认可，这是近30年来PPP的成绩的反映。从20世纪80年代初探索试行算起，经历了稳定推广阶段（2003~2008年）、波动发展阶段（2009~2013年）、快速发展阶段（2014年到现在），总的趋势是向好的，项目数量和投资额逐年增加，这是可喜的[①]。但也要清醒地看到，PPP模式中也有新问题，需要政府、民间两方面努力，使PPP模式发挥更大的优势。

是为序。

厉以宁

北京大学光华管理学院名誉院长

① 肖光睿、袁竞峰：《中国PPP发展历史》，载《中国PPP行业发展报告（2017-2018）》，社会科学文献出版社，2018.

前言

“世界还是那个世界，中国已不再是那个中国”，这句刷屏朋友圈的话蕴含了太多国人的感慨。中国始终以变化的视角来看待世界，但始终以实事求是的不变来应对变化万千的世界。党的十九大明确中国进入了新时代，赋予了我们这个时代新的内涵。

每个时代有每个时代的使命，每个时代也有每个时代的机遇。中国70余载的发展历史，改变着国家的面貌，改变着每个人的命运。在我们国家通往国家复兴、民族崛起的列车上，人人都是建设者，人人都是受益者。

历史的指针走到了21世纪20年代，每个人的命运更是与国家发展深度捆绑。一场疫情改变着世界的走向，也改变着个体的命运。当人人喊着“经济寒冬”来临时，一场疫情把人们从安稳的睡梦中叫醒。

当我们回首历史，五千年文化中蕴含的财富、智慧令人惊叹不已。为什么四大文明古国唯有中华文明绵延至今且迸发勃勃生机？我们从五千年的政信文化找寻答案。华夏第一相管仲官山海而富齐国；一代名相吕不韦立嗣统一六国赢天下；位卑未敢忘忧国的卜式牧羊支援大汉平定匈奴；明朝沈万三借国力开辟海上丝绸之路，又以财富助力国家扩建大运河、修长城、御外敌；清朝胡雪岩以资助国、以国富家，成就一代红顶商人传奇。在我们的文化基因里，家国情怀使我们的民族经历无数苦难而生生不息，也是形成五千年政信文化的源泉。

政信文化的精髓在于个体力量借力国家信用而利国利民的巨大财富乘数效应。在西方社会，从中世纪末的美第奇家族到罗斯柴尔德家族都演绎着政信创造财富的故事。同样，政信更是国家借助个体力量开疆拓土，壮大国力，富国强兵，使国家成为一个时代的佼佼者，不仅造就几代财富家族，更给国民带来巨大福利。

我国40多年改革开放的历史就是一部政信红利释放的历史。始于小岗村的包干制，从农村扩散到城市，国企改革和商品交易所释放的制度红利极大地解放了人们的积极性，生产力获得了极大的提高；中国加入世界贸易组织进一步打开了国门，而蓬勃发展的互联网更是大力促进了外贸的发展；为解决人们的住房问题，政府开启了商品房交易市场，不仅实现了“居者有其屋”，还实现了亿万人民的中产梦想。

“中国改革开放的大门只会越开越大”，最高领导人的信心让我们感受到了大国的自信。无论世界风云如何变幻，中国复兴崛起的脚步不会停滞。20年的基础设施建设让世人看到了“基建狂魔”的力量，未来，升级版基建狂魔将在更高水平、更大范围内全面提升国家新型基础设施建设水平。智慧城市，宜居、宜游、宜业的城市建设已经在路上。

国家的发展从不会辜负一个顺势而为者，我们应势而谋、因势而动、乘势而上，才能跟上时代发展的脉搏，实现基业长青，不负新时代给予每个人的使命。

本书展示并分析了古今中外的政信文化和政信投资案例，并重点阐述了中国当代政信投资的特点和方向，以帮助读者更好地了解政信投资，帮助投资人更好地选择优质的政信投资产品。本书基于金融理论，通过研读古今中外的政信历史及实务，总结政信实践，并为读者呈现了一个立体的政信投资之道，值得各级政府、科研院所、高校、金融机构、投资人等学习研读。

吕世杰

中央财经大学政信研究院副理事长

目录

第一章

疫情中的艰难创富路

每个人心中都应有两盏灯光，一盏是希望的灯光，一盏是勇气的灯光。有了这两盏灯光，我们就不怕海上的黑暗和风涛的险恶了。

——罗兰

新型冠状病毒肺炎无疑是 2020 年最大的“黑天鹅”。疫情如同导火索引爆了世界经济和金融市场。疫情之下，世界范围内工厂停产、企业歇业；全球资产价格纷纷出现“史诗级”暴跌；“股神”巴菲特损失惨重；世界财富经历大洗牌。创富不易，守富更难，疫情更使前路困难重重。

第一节 “黑天鹅”振翅，全球经济陷入衰退

一、没有人能做“黑天鹅”的预言家

（一）黑天鹅事件

17 世纪的欧洲人认为天鹅只有白色的，直到澳大利亚第一只黑天鹅的出现。此后，“黑天鹅事件”常用来形容突然发生并产生破坏性影响的重大风险事件。

“黑天鹅事件”发生的概率很低，人们不仅没法预测，还要承担突发事件带来的重大风险。比如，1912 年泰坦尼克号沉没。这艘当时世界最大、最豪华的远洋客轮从英国南安普顿出发至美国纽约，因撞上冰山断裂后沉入大西洋底，上千人因此罹难。“黑天鹅事件”可能是人祸，也可能是天灾。2008 年春节，中国遭受雪灾，20 个省（市）均受到低温、雨雪、冰冻灾害影响。南方防灾通常防雨不防雪，因而南方是重灾区。比如大雪压断的电缆落于铁路接触网上，造成铁路电力中断，春运大动脉京广线铁路因此停运，伴随着旅途食品短缺。据统计，这次雪灾还造成许多房屋倒塌、农作物受灾、森林受损等，受灾人口超过 1 亿人。

（二）疫情来袭

继 2003 年“非典”之后，2020 年新型冠状病毒肺炎（COVID-19）成为不速之客，引起人类与呼吸系统感染有关的疾病。由于新冠病毒通过飞沫、气溶胶等形式传播，因此具有极强的传染性。

在中国，新冠病毒最早从武汉发现。此时正值中国农历新春，全国

铁路网承载着春运大军南来北往。作为九州通衢的重要交通枢纽——武汉，面临着一场前所未有的危机。先是武汉的确诊人数迅速飙升，随后全国各地相继出现确诊患者。在新冠肺炎的暴发期，数以万计的人被确诊，每一个确诊数字背后或许就有一个支离破碎的家庭（见图 1-1）。

图 1-1 新冠病毒袭来

资料来源：中国新闻图片网。

（三）疫情下的国内经济侧影

国内实体经济因疫情受到很大影响。2020 年 2 月，反映经济活动周期的采购经理指数（PMI 指数）大幅下跌，制造业 PMI 指数（35.70）和非制造业 PMI 指数（29.60）双双跌落至荣枯线数值 50 以下，并创下 2007 年 1 月以来的最低水平。指数越低，反映经济收缩越厉害。

从需求端来看，制造业和非制造业的 PMI 新订单指数均较前值滑落接近一半。以服务业为例，需求大幅减少是因为：人们宅在家中抗击疫情，外出用餐、旅游、购物的欲望大幅衰退；疫情防控管制下，餐饮住宿店面关闭、交通运输停滞也限制了人们的消费能力。

从供给端来看，由于企业暂停开工，各行业生产大幅放缓，制造业 PMI 生产指数较前值下跌 23. 5~27. 8。虽然社会消费需求大幅下降，但是对于疫情急需的口罩等医用物资来说，生产不足导致产品供给出现中断。

为保障口罩供应，各地政府紧急启动相关生产线复工，不仅派专列接回外地员工，协调生产商与银行间贷款服务，还帮助生产商完成从民用口罩升级为一次性医用口罩的生产资质办理，竭尽一切所能为口罩复工复产保驾护航。比如北京昌平一家已经停产 5 年的口罩企业，在政府帮助下 12 天内恢复生产。除政府发力外，企业也在为扩大口罩供应展开自救或对外援助。各大汽车厂商也纷纷加入口罩制造大军，它们除了有资金、组织等优势，更加便利的是，用无纺布做汽车内饰的工艺与口罩工艺基本一样，因而行业壁垒较容易被打破，汽车生产商能很快转型。投资客也到处寻找购买或入股优质口罩厂的机会，或者建新厂排队预定口罩生产线。由于口罩需求激增，无纺布等上游原材料的价格也在飙升。口罩产业链是疫情之下国内经济的典型。

（四）疫情下的国内股市

除实体经济受到影响外，国内股票市场也因疫情冲击产生震荡，A 股开盘日比原定推迟一天。尽管如此，市场参与者还是被迫见证了“千股跌停”的局面。在 2020 年 2 月 3 日农历年开市第一天，除了医疗器械、医药、云办公和游戏等板块的个别股票“飘红”，其余 3000 多只股票无一“幸免”（见图 1–2）。

图 1-2　股市暴跌

资料来源：中国新闻图片网。

实体经济市场的刚性需求成为投资者对上述题材股票的信心来源。以医疗器械板块为例，疫情期间，市场上医用口罩、防护服等医用物资供不应求。2020 年口罩成了年度关键词，变成了硬通货。战斗在一线的医护工作者紧缺医疗物资，自己动手做口罩，用垃圾袋充当防护服。老百姓也优先囤口罩。1 月 21 日疫情蔓延之初，北京各个药店、便利店的医用口罩便被一扫而空。随后线上渠道也开始出现断货。多个城市开启了口罩限量购买、预约购买，甚至摇号购买的方式。

“宅经济”中，游戏和云办公股票也备受追捧。2020 年初受“宅家”隔离的要求，游戏尤其手游，成了许多人打发时间的最佳选择。据报道，大年三十，《王者荣耀》单日流水破纪录达 20 亿元，同比增长超过 50%。《和平精英》日活跃用户数量峰值预计为 0. 8 亿~1 亿元，流水为 2 亿~5 亿元，创历史新高。

“宅家”办公成为疫情期间复工的主流趋势，从而促进了云办公平台的繁荣，如企业微信、钉钉、石墨文档等。2 月 1 日，钉钉和腾讯会议位列苹果应用商店免费类 App 榜单前十，2 月 5 日，钉钉跃居排行榜第一。

其中，钉钉被教育部选中作为给小学生上网课的平台。由于小学生不喜欢在寒假时间上网课，情绪无处发泄，听说低分可以迫使 App 下架，于是组团打一星。后来误会解除，钉钉逆风翻盘。5 月，美国互联网公司推特允许员工永久性在家上班。这或许昭示云办公平台的未来前景。

2020 年被新冠肺炎这只“黑天鹅”打得措手不及。由于工厂停产、企业歇业、消费需求骤减，我国一季度经济增长也受到严重影响。好在全社会众志成城，统一“抗疫”，国内情况一天天好转、新增确诊人数不断降低、企业开启复工计划。此刻，海外却传来了告急的消息。

二、全球经济陷入衰退的危机

（一）全球疫情愈演愈烈

疫情逐渐演变成全球性公共卫生危机事件。2020 年 2 月起，疫情在世界范围内扩散加剧，全球至少有 200 个国家出现确诊病例，其中美国、日本和一些欧洲主要国家成了“重灾区”。

北京时间 2020 年 3 月 11 日，据欧洲《图片报》报道，德国总理默克尔在柏林的基民盟议会成员会议上表示，“如果失去控制，最多有 60%~70%的德国人将被感染新冠病毒”；3 月 12 日凌晨，据新华社报道，世界卫生组织（WHO）总干事谭德塞称“新冠疫情已具有全球大流行病特征”；3 月 25 日和 27 日，英国王室与首相府相继发布消息称英国查尔斯王储和首相鲍里斯确诊新冠肺炎。疫情在海外愈演愈烈，据美国有线电视新闻网（CNN）2 月 25 日报道，美国国家过敏和传染病研究所所长安东尼·福奇博士表示，“人类正处在新冠肺炎疫情大流行的边缘，我们的命运将由中国以外国家的疫情控制能力决定”。

随着新冠肺炎的蔓延，全球对疫情的防控逐渐加码。2020 年 3 月 9 日，意大利政府宣布实施全境封锁。3 月 13 日，美国总统特朗普宣布美国进入“国家紧急状态”，并让美国联邦政府释放 500 亿美元资金来帮助各州和地方政府应对疫情。3 月中旬起，德国各地学校陆续停课、娱乐场所接连关闭，德国政府同时统一采购大量呼吸机、口罩、防护服等医疗物资，并建立临时医院以扩充医疗资源。在全球疫情的蔓延之下，口罩和防护服成了新型“战略物资”，限制交通和人流并设立“战时医院”成了各国借鉴“中国经验”的重要手段。

（二）疫情下的全球经济

在扩张的疫情和各国严格的管控措施双重夹击之下，全球经济陷入暂时停摆，并显露了肉眼可见的疲态。

疫情的扩散同样会限制海外的居民消费和企业投资，同时停产和企业破产也会造成失业率的大幅上升。这对于服务业占比较大的国家来说，影响尤为严重。在美国联邦储备委员会于当地时间 2020 年 4 月 15 日发布的《全球经济形势调查报告》中写到“由于新冠病毒大流行，美国所有地区的经济活动突然急剧收缩”，疫情使美国结束了史上最长的经济扩张期并进入下行通道。在欧洲央行 4 月 12 日公布的副行长德金多斯接受媒体采访的记录中，德金多斯同样表达了悲观预期，他表示，面对新冠疫情冲击，全球经济将陷入衰退，而欧洲经济面临的衰退将更为严重。当地时间 4 月 14 日，国际货币基金组织（IMF）发布报告称 2020 年全球经济将萎缩 3%，同时下调主要经济体的经济增速预期。全球经济似乎在面临一场避无可避的衰退危机（见图 1–3）。

全球金融市场也在衰退中进入危机状态。全球股指在 2020 年 2 月下旬纷纷开始暴跌；各国国债收益率大幅下行，欧洲一些国家甚至出现了大量利率为负的国债；大宗商品集体暴跌；黄金市场的表现也极其不稳定。综观各类金融资产，全球金融市场似乎陷入了一场疯狂的动荡。

全球经济自 2008 年金融危机之后就已经“元气大伤”，如欧洲部分国家一直深陷债务危机。这次疫情再次对实体经济“重锤出击”，从而使各国经济展现出“不可承受之伤”。一方面经历了 2008 年金融危机之后，各国货币政策空间本就缩窄；另一方面疫情带来的悲观预期严

图 1–3　疫情美国

资料来源：图虫网。

重打击了市场信心，金融市场也因此风雨飘摇。

作为人类命运共同体的一员，中国无法在世界发生危机面前独善其身。全球疫情扩散带来的经济下滑会直接反映在中国出口成绩单上，环环相扣的全球产业链也会因需求不足或者某一环节的停产而对中国企业产生巨大的影响。除此之外，货币宽松的背景可能导致通胀升温，中国资本市场也不可能游离于动荡的国际市场之外。

第二节　危机下的行业百态

一、电影业的寒冬

（一）备受期待的 2020 年春节档

电影业无疑是在此次危机中受影响最深的行业之一。

2019年，吴京主演的科幻电影《流浪地球》带领一众春节档电影取得亮眼的成绩单，使电影行业对2020年春节档抱有极大的信心。对拥有《唐人街探案3》《囧妈》《夺冠》等七部大片，原本被市场公认为“精彩纷呈”的一届春节档，多家券商抱有70亿元票房的预期。

其中，《唐人街探案3》因前两部的精彩表现而备受期待。除此之外，抒发中国女排于2019年排球世界杯夺冠情怀的《夺冠》，以及号称从2015年就开始准备的国产动漫《姜子牙》均吊足了观众的胃口。因为竞争对手实力不可小觑，各片方提前几个月就进入了“临战状态”。虽然春节档电影于2020年1月25日大年初一才正式上映，但是大多数影片至少提前了2个月发布预告片。导演纷纷携带主演进行全国性的路演。个别电影甚至开放了点映，即在少数地区部分电影院提前上映影片，旨在通过观影人的亲身体会对电影起到口口相传的宣传作用。从预告片到点映，从点映到路演，七部大片蓄势待发，竞争场上硝烟弥漫。

（二）电影产业链的危机

影片之间的“夺冠之争”还未正式打响，新冠肺炎疫情倒先给火热的春节档泼了一瓢冷水。2020年1月22日，淘票票、猫眼等票务平台相继发出春节期间退票政策的公告，随后七部电影全部官宣撤档。唯一例外的是，徐峥导演的《囧妈》与资本牵手，以6.3亿元的价格将版权转让给互联网巨头“字节跳动”（旗下子公司产品有抖音、今日头条等），并在大年除夕网络免费放映。作为投资方的欢喜传媒因此受益，股价直接上涨43.07%，市值上涨近15亿港币。然而这只是突围个例，仍改变不了电影行业寒冬的大势（见图1-4）。

疫情对电影行业造成的损失不仅是浮于表面的票房数字，电影行业按下“暂停键”的背后，还有整个产业链上无数公司的亏损和破产。疫情期间剧组、发行公司、影院全部面临停工，这意味着电影的制作、发行和上映整条环节都会受阻。由于电影产业链上所有环节的收入依赖

图 1-4　空寂的影院

资料来源：中国新闻图片网。

票房分账，所以电影终端消费的不景气会增大行业内公司短期内面临的现金流压力。据《经济日报》报道，2020 年前四个月，全国就已经有 5328 家影视公司注销或吊销，是 2019 年全年注销或吊销数量的 1.78 倍。剧组的停工导致正在拍摄或筹备影片的原定上映计划受到影响，从长期来看，很可能出现库存电影扎堆上映之后，新片承接动力不足的现象。

（三）电影行业的现金流难题

以电影院面临的短期现金流危机为例。一位在中国西南部两个省会城市拥有 14 家影院的老板表示，他每年要付出接近 2000 万元的房租，平均每天租金 5.5 万元。即使在疫情期间大幅裁员的情况下，每天仍要付出 7 万元的成本。由于资金只出不进，老板决定通过五折贱卖一家影院，从而获取现金流养活其余 13 家。天津万象城橙天嘉禾银河影城自 2020 年 1 月 23 日放映完最后一场电影后，就进入了停业状态。2020 年 4 月 17 日，这家运营了近 8 年、接待过超 400 万观众的电影院宣布永久闭店。

为了缓解经营压力，一些影院甚至开始“另辟蹊径”展开自救。

北京一家大地影院通过出租影厅，提供拍摄婚纱照、艺术照场地的方式来赚取“外快”。据悉，在该影院消费698元便能获得两小时的拍摄机会，并附加果茶、爆米花等零食及衍生品。还有一些影院依靠线上出售保质期较短的食品饮料来获取现金流。但这些零碎的收入仍是杯水车薪，难以解决影院的经营困难。

（四）电影行业洗牌

2020年4月29日，中宣部常务副部长、国家电影局局长王晓晖在电影系统应对疫情工作视频会议上提到，疫情将使全年票房损失超过300亿元。疫情不仅在短期内对票房产生巨大冲击，在长期内也会引起电影业的深度变革。有的企业在电影行业清洗中退出市场，有的企业选择激流勇进。比如电影业龙头万达电影就计划通过募资在北上广等城市新建162家影院。此外，各大院线上市公司如横店影视、金逸影视等都在年报中明确了影院扩张的计划。但是投资往往伴随风险，电影业何时能真正回春仍是一个未知数。

二、餐饮业的困境

春节一直是餐饮行业的消费旺季，大小餐馆都已在年前早早地备下年货，翘首盼望由年夜饭带来的火爆生意。为抗击疫情，人们不得已退掉饭店里热气腾腾的年夜饭，屯好粮食、窝在家里。餐馆老板们不得不贱卖食材、关停门店。

（一）海底捞的抗疫过程

以餐饮行业龙头企业海底捞为例，受疫情影响，中国大陆门店自2020年1月26日起全部暂停营业，人力和租金是期间主要成本支出。参照2019年上半年的财务报表，海底捞账面上30亿元的现金足够维持其生存3个月。2月14日，尚未开启堂食的海底捞陆续恢复生鲜食材配送业务，包括火锅菜品、蔬菜水果、葱姜调料等。随后海底捞得到中信银行和百信银行合计 21 亿元的授信额度，首批 8.1 亿元放款资金于 2 月 19 日到达账户。

虽然海底捞外卖和食材销售占营业收入的比例较小，但这不仅是疫情期间企业积极自救的表现，还可能会引导餐饮业开通零售渠道的潮流。2018 年 9 月 26 日海底捞完成上市融资（见图 1-5），其账面上的现金储备充裕。作为上市公司由于信息披露充分等原因也更易得到银行授信，因而在危机面前更有底气。

图 1-5　海底捞港交所上市

资料来源：中国新闻图片网。

（二）西贝莜面村的融资自救

西贝莜面村在全国 60 多个城市拥有 400 多家门店。2020 年 2 月 3 日其创始人贾国龙公开称，西贝往年在春节期间营收一个月能够达到七八亿元，而受新冠肺炎疫情的影响，2020 年春节不仅进项为零，还要承担额外的成本支出。若疫情无法控制，西贝公司账上的现金流撑不过 3 个月。2 月 7 日，西贝收到了浦发银行提供的 1.2 亿元流动资金贷款，这笔贷款犹如“及时雨”般暂时缓解了西贝在经营方面的燃眉之急。

贾国龙 2018 年曾表示西贝永远不会上市，这既可能是出于对控制权的考虑，也可能是上市对财务报表的要求与西贝这种成本导向型企业的经营理念背道而驰。然而在经过这次突如其来的疫情危机之后，贾国龙表明将重新评估未来西贝上市的可能性。餐饮业本来就面临因为没有优质抵押物而造成的贷款难问题，上市则为他们打开了一条新的融资通道，这使更多餐饮企业不得不郑重审视资本市场的重要性。

（三）餐饮业与外卖平台之争

疫情期间堂食暂停，外卖成了餐饮店主要的经营方式。据中国连锁经营协会 3 月发布的调研报告显示，疫情期间，91.6%的连锁餐饮行业样本企业主攻外卖产品。比如，20 多年历史的广东大排档孖记士第一次做起了外卖。

餐馆想要入驻外卖平台需要付出一定的佣金。佣金率（佣金/收入）一般在 10%~20%浮动。以孖记士为例，美团平台每单要抽取 16%的佣金。扣除原材料、人工等成本后，客流本就大幅下滑的孖记士步履维艰。当特殊时期外卖的地位陡然上升，平台与餐饮业的高费率之争就成为了焦点。

2020 年 4 月 10 日，广东省餐饮服务行业协会向美团外卖发出交涉函，以协商降低平台佣金费率，与此同时，国内其他省份的餐饮协会也有所行动。美团外卖反馈，如果降低佣金会对骑手收入造成影响。美团 2019 年财报显示，超八成佣金用于支付骑手工资，而疫情期间新增了 45.7 万名骑手。

即使在两难之下，4 月 18 日，广东省餐饮服务业协会还是和美团外卖达成共识，条款包括对广东部分优质商户增加一定时效的、数额不等的返佣比例。这一方面体现了外卖平台的价值，另一方面彰显了企业在特殊时期的社会责任。

（四）报复性消费还未到来

在国内疫情发生好转，餐馆开始复工之后，餐饮业又陷入了“复工不复市”的窘境。中国饭店协会研究院在 2020 年 4 月 16 日发布的《新冠疫情下 3 月中国餐饮业生存现状报告》显示，在收集的 204 份问卷所涉及 5451 家门店中，超九成餐饮企业客流量较 2019 年下降了一半，营业额也不足 2019 年同期一半。虽然行业复工复产率已经上升到 77.84%，但餐馆的客流和营业额回升状况不容乐观。

餐饮业之所以会陷入“复工不复市”的窘境，有两个主要原因：即使情况好转，消费者对外出吃饭还相对谨慎；全球经济下行的趋势也会让人们对收入产生担忧，从而减少消费的欲望。因此，餐饮业的恢复决不能单单依靠“报复性消费”的来临，无论是开展零售渠道还是谋求上市融资，自强才是战胜危机的唯一办法。

三、旅游业的困难与自救

（一）旅游公司破产

在疫情冲击之下，全世界的旅游业也惨遭重创。其中不乏旅游公司遭遇倒闭或者破产，甚至一些老牌企业也不能幸免于难。据央视财经报道，由于疫情期间旅行人数大幅减少，由华侨在 1998 年创立的德国汉堡中国之旅有限公司于 2020 年 2 月 21 日向法院申请破产保护。2020 年 3 月初，日本神户夜光邮轮公司宣布提交破产申请，这是疫情暴发以来全世界第一家宣布破产的邮轮企业。据日本媒体报道，这些年神户夜光邮轮公司本就在地震、台风等自然灾害的影响下摇摇欲坠，新冠疫情的暴发便成了压倒这只“骆驼”的最后一根稻草。

（二）酒店运输承损

旅游产业链上的酒店和交通运输业也受到了疫情的严重波及。成立于 1956 年，拥有 64 年历史并颇受中国游客喜爱的日本老牌旅馆“富士见庄”，于 2020 年 3 月左右因游客锐减带来的运营危机而宣布破产。据韩国酒店行业协会数据显示，疫情期间韩国酒店入住消费者大幅减少，在2020年3月，韩国酒店的空房率竟高达90%。据央视新闻报道，新加坡跨境旅游巴士的上座率从正常情况下春假旺季的75%骤降至20%。2020年“五一”假期，日本国内疫情状况仍不容乐观，因此民众大幅度减少非必要外出，车站、机场候车厅冷冷清清。

（三）破碎的迪士尼童话

截至2020年3月15日，美国佛罗里达和法国巴黎的主题公园正式关闭之后，全球六大迪士尼乐园全部关闭（见图1-6）。2020年第一季度财报中显示，迪士尼一季度净利润同比骤降91%。2019年乐园业务占迪士尼总收入的35%，因此对迪士尼的整体运营起着至关重要的作用。截至2020年4月20日，迪士尼股价比2020年初下跌近30%。除了收入下降、股价下跌，据美国全国广播公司财经频道（CNBC）报道，迪士尼从4月22日开始停止向10万余名员工支付薪水，停薪人数占全部工作人员的一半。迪士尼这家曾为无数人打造童话中梦幻王国的百年企业，竟也在现实中迎来了至暗时刻。

图1-6　香港迪士尼暂停开放

资料来源：中国新闻图片网。

在世界旅游组织 2020 年 4 月发布的报告中预计，2020 年全球旅客数量将比 2019 年下降 20%～30%，国际旅游收入将减少 3000 亿～4500 亿美元。世界旅游及旅行理事会预测，受疫情影响，全球旅游业将有多达 1 亿人面临失业，损失将近 2.7 万亿美元。

（四）云旅游

在旅游业按下暂停键的同时，人们对观光赏景的需求并没有减少，因此“云旅游”的概念被逐渐孵化出来。“云旅游”指借助网络平台在家中通过直播等方式游览旅游景点，在 VR 等技术的加持下，景色会更加栩栩如生。2020 年 3 月初，直播平台斗鱼通过丽江玉龙雪山、保山龙江大桥等景点直播的方式上线了“云游云南”。4 月 30 日，进入故宫博物院“云游故宫”微博，网友们可以在网页上游览到故宫 3D 全景，伴随悠扬的音乐和悦耳的讲说，“云游客”可以自行点击任意地点前往，真实体会移步换景。除此之外，拨动手机屏幕或者晃动手机可以切换游览视角，当镜头下切时，地面上的一砖一瓦均清清楚楚；镜头上移并放大时，树上的每一朵花清晰可见。

尽管“云旅游”不能为景区带来门票和配套的餐饮、住宿收入，但它让人们身临其境般体验到醉人的美景和丰富的文化内涵。虽是特殊时期的权宜之计，但未必不是旅游业态的新开端。

在依托网络平台的同时，景区也正不遗余力地开拓文创产品等新型盈利方式。据《人民日报》报道，疫情期间苏州博物馆曾在淘宝直播平台上进行过两场人数分别为 25 万人和 33 万人网络直播。经博物馆负责人介绍，两场活动的观看人数相当于以前 3 个月的参观人次。线上直播后，苏州博物馆的淘宝店内文创产品销量大增，为博物馆带来万元以上收入。由此看来，通过线上直播引流到线下销售的方法不失为景区自救的良计。

疫情不只会带来危机，同时也会带来变革。除了替在危机中不幸倒下的企业感到遗憾之外，我们更应为谋求自救的力量鼓掌。

第三节　危机中的财富洗牌

一、动荡的金融市场

（一）全球股市暴跌

1. 基本面和情绪面恶化

2020 年 2 月 20 日左右，全球新冠肺炎疫情暴发，世界范围内的确诊人数同时飙升。疫情最严重的国家包括美国、意大利、英国、日本、伊朗和韩国等。自此，以全球股市为代表的金融资产开始了一场疯狂沦陷。

新冠肺炎的传染性极强，以美国为例，截至 2020 年 4 月 30 日，全美新冠肺炎累计确诊人数超过了 109 万，并且每日还在以最高 30 万人以上的速度增长，美国也成为迄今全世界累计确诊人数最多的国家。当地时间 3 月 18 日，德国总理默克尔就疫情期间的禁闭措施向全国发表电视讲话。据悉这是默克尔执政以来首次在新年讲话之外发表全国电视讲话，她说："局势是严重的，要认真对待。这是德国自第二次世界大战以来面临的最大挑战。"

由于全球多个国家包括主要发达国家的疫情愈演愈烈，疫情对经济基本面的冲击最终传导至股市。从宏观角度来看，疫情之下，企业和工厂停工，消费者同时减少外出消费，整个经济同时从供给和需求陷入停滞，与此同时全球产业链也遭到重创。企业因没有客源而开始裁员，而依靠工资生活的消费者因为收入减少越发控制消费的欲望。显而易见，这是一个严重的恶性循环。更糟糕的是，人们对疫情会发展到何种程度以及能不能被有效控制产生了极大的恐慌。

在基本面和情绪面恶化的双重夹击之下，作为反映宏观经济的“晴雨表”——股票市场开始了一场疯狂沦陷。

2. 多市场股价跳水

全球股市从 2020 年 2 月 20 日起持续了一个月的暴跌。截至 2020 年 3 月 8 日，短短半个月的时间，日本股市跌幅超过 16%，几乎把 2019 年全年涨幅抹平。美国股市同样愁云惨淡，继 2008 年金融危机之后，再现“黑色一星期”，美国三大股指道琼斯工业指数、标普 500 指数和纳斯达克指数单周下跌幅度就已超过 12%，均创下 2008 年 10 月以来的单周最大跌幅。令人担忧的是，情况仍在向恶化的趋势发展。欧洲市场同样黯淡无光，整个欧洲股市半个月之内的累计跌幅超过了 20%，这在历史上绝无仅有，比起 2008 年全球金融危机有过之而无不及。股票市场如此剧烈的波动在历史上都比较少见。以美国股市为例，21 世纪以来，美股单周跌幅超过 10 个百分点的次数寥寥无几，美国股市的表现能与此次比肩的只有“9 · 11”事件之后和 2008 年全球金融危机。由于美国股票市场发展较为成熟，普通人多是通过购买股票型基金等方式参与投资。美国股市的暴跌不仅是金融市场上以亿为单位的资产缩水，更是千千万万普通家庭的财产损失。一些人在疫情中收入降低甚至失去工作，叠加股市的暴跌，可能引起贫富差距拉大等社会层面更深的动荡。

（二）价格战引发石油“史诗级”暴跌

1. 石油价格战的来龙去脉

屋漏偏逢连夜雨，就在所有人都在为新冠病毒恐慌的时候，全球市场再爆一只“黑天鹅”：沙特阿拉伯和俄罗斯发动了一场轰轰烈烈的石油价格战。

在沙特与俄罗斯展开石油价格战之前，国际石油市场的形势就不容乐观。由疫情引发的停工停产使全球工业对石油的需求大大降低。石油输出国组织（OPEC）在 2020 年 4 月的原油市场报告中预计，2020 年全球石油需求每天将减少 690 万桶，降幅为 6.9%，而且降幅有继续下调的趋势。

为了应对世界范围内石油需求的减少，以沙特阿拉伯为首的石油输出国组织和俄罗斯等国家进行了一场减产谈判会议（以下简称“OPEC+”），令所有人始料未及的是，这次减产谈判竟然惨遭“翻车”。

在 2020 年 3 月 5 日的 OPEC 会议上，OPEC 部长计划扩大减产规模。但是在 3 月 6 日的“OPEC+”会议上，俄罗斯的意见与 OPEC 产生了分歧。

谈判不成之后，3 月 7 日，沙特国有石油公司、全球最大原油出口商沙特阿美（Saudi Aramco）宣布下调原油销售价格，并计划大幅增加原油产量。

3 月 8 日，沙特阿拉伯宣布向欧洲和美国等部分国家和地区的客户提供每桶油价的额外折扣。

3 月 9 日，沙特与俄罗斯在谈判桌上正式撕破脸皮，当日国际石油价格开盘暴跌 30%，创下 1991 年以来单日最大跌幅。在油价的“史诗级”暴跌面前，全球股市更是再一波“跳崖式”下跌，国际金融市场受到了巨大冲击。

2. 油价暴跌超越底线

随后石油价格战愈演愈烈，沙特和俄罗斯相继宣布增产。2020 年 3 月 10 日，国际原油价格继续下跌至 30 美元 1 桶。在全球石油已经出现过剩的情况下，沙俄双方大有“一战到底”的架势。截至 3 月 18 日，国际石油价格达到了 17 年来的最低点（见图 1-7）。看到国际油价跌至历史低点，一些投资者便想买入与原油价格挂钩的金融产品，进行“抄底”。在 WTI 原油期货价格跌破零价格后，原油宝投资者也惨遭“穿仓”，即不仅赔光了本金，还倒欠银行一大笔钱，有甚者赔款多于本金。当地时间 4 月 20 日，美国西得州轻质原油（WTI）期货 5 月结算价收于-37.63美元/桶。这不仅是芝加哥商品交易所，更是全世界原油期货合约上市以来第一个负值结算价。

图 1-7　国际油价暴跌

资料来源：中国新闻图片网。

3. 石油价格战对经济的影响

从宏观上看，沙特和俄罗斯之间的石油价格战对国际金融市场和世界经济运行来说，无异于雪上加霜。首先，油价大跌使全球金融市场变得更加动荡不安。一方面市场参与者的恐慌情绪被进一步渲染，另一方面在价格剧烈波动之下，原油期货的强制平仓会给市场带来流动性危机。其次，油价暴跌可能诱发通货紧缩和经济衰退。原因是油价下跌会通过压低生产成本来拉低物价指标，一个国家的石油消费越高、净进口越多，油价下降对通胀的影响就越大。

1980年以来，世界上发生了七次石油大跌，其中三次伴随严重经济衰退，分别是：1997年亚洲金融危机、2001年互联网泡沫破碎、2008年全球金融危机。2020年油价的“史诗级”暴跌，叠加新冠肺炎这只“黑天鹅”，使得国际经济形势越发扑朔迷离。

（三）美股惊现四次熔断

1. 石油价格战和两次熔断

美国东部时间 2020 年 3 月 9 日，沙特与俄罗斯开展石油价格战，美国股市开盘 4 分钟左右，标普 500 指数暴跌 7%，触发了第一层熔断机制。这是继 1997 年之后史上第二次熔断。1997 年 10 月 27 日，道琼斯工业指数暴跌 7.18%，是美股第一次熔断。

在此之前，为了抑制经济衰退并为市场补充流动性，美联储就已经开启了一场空前的降息历程。美联储原定于美国东部时间 2020 年 3 月 18 日举行讨论货币政策的议息会议，但是疫情的大暴发使得其没有时间再等待。3 月 3 日美联储紧急降息 50 基点，联邦基准利率的目标区间被降至 1%~1.25%。这是继 2001 年互联网泡沫破碎和 2008 年全球金融危机之后，美联储进行的第三次意外降息。

由于此次股票价格走势主要由疫情发展及控制情况决定，因此意外降息并没有改变美股下跌的趋势。更糟糕的是，沙特和俄罗斯之间的石油价格战，予以美国金融市场沉重一击。在经过 2014 年“页岩油革命”之后，美国跻身于世界上最重要的石油生产国行列，此后能源公司成为美国高风险债券的主要发行主体之一。2019 年美国最低等级 CCC 级债中，能源公司就占了 13%。石油价格大跌增大了页岩油企业债务违约的可能，如果由能源公司领衔引爆美国企业债务危机，后果将不敢想象。

美国东部时间 2020 年 3 月 12 日，道琼斯指数开盘下跌 7.35%，直接跌穿 22000 点；标普 500 指数跌幅扩大至 7%，触发一周内第二次熔断。

2. 零利率和史上第四次熔断

美国东部时间 2020 年 3 月 15 日下午，美联储临时开会宣布实行零利率（见图 1-8），即把联邦基金利率的目标区间从 1%~1.25%降到 0~0.25%；同时推出规模为 7000 亿美元的量化宽松。这是美联储在历史上第一次利率降到 0，同时降息 100 基点的幅度也创下了历史之最。

图 1-8　美联储基准利率至零

资料来源：中国新闻图片网。

可是在稳定金融市场方面，抗击疫情远比货币政策重要。抗击疫情的政策和成效能够从根本上减少市场上恐慌情绪的来源，而货币政策通常是一味猛药，是药三分毒，有时候不能从根源上解决经济问题，反而可能会产生副作用。

美联储如此大规模的降息和货币宽松让人们看到了政策调节的天花板，人们都在猜测美联储没法接招，因此市场变得极度恐慌。2020 年 3 月 16 日，美股开盘即再次熔断，截至当地收盘，道指下跌 2997.10 点，跌幅 12.93%，创下史上单日下跌点数纪录；纳指跌 970.28 点，跌幅 12.32%；标普 500 指数跌 324.89 点，跌幅 11.98%。美股触发史上第四次熔断，美国四年来实现的股票增长几乎全部抹平。

3. 史上第五次熔断后的反思

此时的股票市场如同惊弓之鸟，任一点风吹草动都会把市场搅得鸡犬不宁。2020 年 3 月 18 日，全球资产管理规模最大的对冲基金桥水基金（Bridgewater Associates）被传言“爆仓”，市场担忧桥水基金会重蹈雷曼兄弟的覆辙，从而引来系统性金融危机。同天，美股触发历史上第五次熔断，标普 500 指数暴跌 7.01%。全世界哗然，此时美股从历史最高点已经累计下跌超过 30%（见图 1-9）。直至 3 月 23 日，美联储推出“终极大杀器”无限量化宽松之后，美股才出现小幅回调。

图 1-9 美股多次熔断

资料来源：中国新闻图片网。

美国股市的症结是由疫情带来的经济问题，而目前美国增长的主要动力来自消费。疫情的暴发会引发失业，而失业降薪和股票资产的缩水会降低普通人的消费能力。一旦消费快速下行，美国容易发生经济衰退。货币政策只能“医短痛”，股市的发展仍要依靠抗疫进程。美国财政部长姆努钦警告，疫情的蔓延可能将失业率推高至 20%，疫情后的美国经济可能比 2008 年金融危机时更糟糕。

二、全球财富洗牌在所难免

（一）国外富豪财富蒸发前三甲

2020 年 4 月，胡润研究院发布了《疫情两个月后全球企业家财富变化特别报告》。特别报告显示：2020 年 2 月和 3 月，全球百强企业家财富损失金额高达 2.6 万亿元，蒸发了过去两年半所创造的财富，相当于每人每天损失逾 4 亿元（见表 1-1）。

表 1-1 财富蒸发前十名

排名	姓名	财富变化（亿元人民币）	财富变化（%）	财富（亿元人民币）	主要公司	居住国
1	伯纳德·阿诺特	-2000	-28	5500	酩悦·轩尼诗—路易·威登	法国
2	穆克什·安巴尼	-1290	-28	3400	瑞来斯	印度
3	沃伦·巴菲特	-1200	-19	5900	伯克希尔·哈撒韦	美国
4	阿曼西奥·奥特加	-1200	-21	4500	帝则诺	西班牙
5	卡洛斯·斯利姆·埃卢家族	-1100	-24	3900	墨西哥美洲电信公司	墨西哥
6	比尔·盖茨	-900	-14	6500	微软	美国
7	马克·扎克伯格	-900	-15	5000	Facebook	美国
8	拉里·佩奇	-890	-19	3800	谷歌	美国
9	谢尔盖·布林	-850	-18	3950	谷歌	美国
10	迈尔克·克隆伯格	-660	-17	3400	彭博	美国

资料来源：胡润研究院。

1. LV 掌门人损失惨重

在所有财富蒸发的富豪中，全世界最大的奢侈品集团——路易威登的掌门人伯纳德·阿诺特不幸登上财产缩水的榜首。由于路易威登集团在 2020 年第一季度损失惨重，伯纳德·阿诺特的财富在两个月内蒸发超 2000 亿元人民币，财富减少 28%，是疫情期间财产下降最大的富豪。门店歇业、工厂停产、消费萎缩……疫情肆虐之下，奢侈品行业遭遇重创。据美国著名企业管理咨询公司波士顿咨询集团（BCG）发布报告称，悲观情况下2020年全球奢侈品销售额将同比下降1000亿美元（约合7000亿元人民币）。

2. 石油价格战波及印度首富

印度首富穆克什·安巴尼掌握的印度最大私营公司——信实工业集团在中东、澳大利亚等多个国家和地区都拥有油田及石油勘探权。因此在2020年石油价格战引发的国际油价暴跌行情中，穆克什·安巴尼损失惨重。穆克什·安巴尼成为继伯纳德·阿诺特之后，在2020年2月至3月财富损失第二大的富豪，他在2个月内损失了1290亿元人民币，同时身价缩水28%。

3. 巴菲特“抄底”失败

无独有偶，“股神”巴菲特也在全球资产价格暴跌中栽了跟头。起初巴菲特对疫情给金融市场带来的影响持“轻敌”态度。2020年3月，在达美航空股价因疫情暴跌20%之后，巴菲特斥资以每股平均46.40美元的价格“抄底”达美航空。可是这次，“幸运女神”并没有如约降临。

2020年的疫情使得航空业成为受影响最严重的行业之一。据欧洲航空机构公布的全球多地航班运营数量对比数据来看，2020年4月，欧洲机场的航班量不到2019年的1/10。全球航空股股价几乎全部腰斩，而“股神”巴菲特增持的达美航空股价从最高点60美元暴跌70%。由于“抄底”失误，巴菲特单笔操作巨亏60%。除了新增持的航空股表现不佳，巴菲特原有持有的苹果公司、美国银行以及可口可乐公司三只重仓股也均遭遇了不小的亏损（见图1-10）。

（二）国内富豪财富乾坤大挪移

截至2020年一季度末，在中国的富豪当中，腾讯集团创始人马化腾首次登上中国富豪榜榜首。据腾讯控股一季度财报显示，腾讯一季度收入同比增长26%，高于市场预期7%，其中手游和社交广告做出了突出贡献。

同期恒瑞医药和翰森制药的孙飘扬、钟慧娟夫妇也以2020亿元人

图 1-10　巴菲特股市亏损

资料来源：中国新闻图片网。

民币的身家夺得富豪榜探花席位。恒瑞医药主要从事抗肿瘤、手术用药、心血管药等方面的医药创新和高品质药物研发，该公司生产的药物主要针对长期慢性病。因疫情也无法改变患者对药物的刚性需求，因此公司业绩在疫情期间仍保持稳步增长。

拥有视频会议平台 Zoom 的袁征，近两月财富增长最快，增幅度达 77%，身家达到 565 亿元人民币。Zoom 是一款能让不同地区用户实现在线音视频交流的视频通信平台。根据兴业证券名为《办公软件：Zoom 何以成为视频会议赶超者》的研究报告，对比其他视频网络平台，Zoom 的核心竞争力在于个性化的用户体验和超低定价，一方面对于不同的应用场景 Zoom 能推出差异化的视频会议产品，另一方面其能以更低的价格培养用户生态，这也是袁征能如此受资本青睐的原因。

医疗设备制造商迈瑞的创始人徐航财富增长了 26%，同样表现不俗。但不可避免，中国也出现了一批财富缩水的富豪。据胡润研究报告，电动汽车电池制造商宁德时代的曾毓群、安踏的丁世忠等均出现了不同程度的财富下降。

（三）排行榜背后的行业趋势变化

富豪们的财富变化体现出时代发展的端倪：受疫情的影响，奢侈品、汽车、房地产等行业受到了严重冲击，与之形成强烈对比的是，网络在线平台、游戏、医药等行业异军突起。

有“危”才会有“机”，对于企业和行业，乃至国家来说也是如此。环顾2020年，危机显然已拉开帷幕，前方必是艰难险阻。正如作家罗兰所说，“每个人心中都应有两盏灯，一盏是希望的灯光，一盏是勇气的灯光。有了这两盏灯光，我们就不怕海上的黑暗和风涛的险恶了”。“危”“机”相伴，我们每个人都掌握洗牌的权利，只有正视危机、看透危机才能帮我们找到摆脱困境的方法。

第四节　每个人的生存难题

一、人工智能带来的失业危机

人工智能（Artificial Intelligence）是计算机科学的一个分支，它可以对人的意识、思维信息过程进行模拟。我们熟悉的人脸识别、能够打扫家务的机器人、因棋术无双而闻名世界的“阿尔法狗”都是人工智能领域的代表。但是，人工智能带来生活便利的同时，也给人类社会带来了剧烈冲击。

（一）人工智能减少传统工作岗位

曾经有一则报道：广州东莞一家生产手机高端零配件的企业裁去了90%的工人，只留下机器人手臂昼夜不停地工作在生产线上。机器人节省了大量人力，同时提高了数倍的生产效率和产品合格率。由于剩下的部分员工只是用来监控电脑控制系统和生产线，因此工厂还有进一步裁员的打算。

东莞的零配件企业只是人工智能时代下的一个缩影，人工智能正在对人类就业产生深远的冲击。据世界级领先的全球管理咨询公司麦肯锡咨询公司预测，到 2030 年，全球可能有 8 亿个工作岗位要随自动化的实现而消失。

“人工智能将快速爆发，10 年后，50%的人类工作将被人工智能取代。”国内计算机领域知名企业家李开复在接受美国全国广播公司财经频道（CNBC）采访时给出了这样的判断。由于机器拥有更高的效率和准确率，而且可以持续高强度的工作，李开复提到保安、放射科医生甚至光鲜亮丽的华尔街交易员等职业将来都会面临消失。

如会计师核算千篇一律的账目、工厂工人大量重复着同一种生产流程的工作恰恰是计算机最擅长的事。只需要将代码输入计算机的执行窗口，便能以高于人类的速度和准确度执行。这对大多数人来说，是失业的危险信号（见图 1-11）。

图 1-11　人工智能“抢饭碗”

资料来源：中国新闻图片网。

（二）人工智能带来的全新产业革命

人工智能同历史上任何一次科技革命一样，会带来生产力的变革。在这个过程中，机械而千篇一律的工种被消灭，更富个性化的职业又会被创造出来。比如利用人工智能进行数据分析并将其运用到金融领域、利用人工智能的海量数据库来进行临床诊断……人工智能甚至能够打破行业间的壁垒，发展新的产业链或商业模式。在中国，人工智能方面的人才缺口相当巨大。2019 年 7 月，华为以 100 万~200 万元的高薪招聘 8 位应届生博士，而这 8 位博士均来自人工智能、大数据等相关专业方向。即使很多企业斥巨资招聘人才，仍难以填补国内人工智能人才的千万缺口。

人工智能时代带给人类的有压力，也有希望。只有不断学习、努力追赶时代，才能不被时代所抛弃。

二、艰难险阻的创业时代

在大众创业、万众创新的时代，创业成为快速实现财富自由的“捷径”。海底捞、呷哺呷哺靠火锅走上康庄大道，网络主播李佳琦凭卖口红而火遍大江南北。高收益伴随高风险，创业并不简单。因风口期并不时常存在，顶尖的专业基本功和宝贵的机遇对创业来说缺一不可。

（一）实体餐馆的创业难题

林凡是一位刚毕业的大学生，由于家境良好，本着“为别人打工不如自己当老板”的原则，在毕业后与两个关系不错的朋友商议合伙创业。几番抉择之后，大家决定选择门槛较低、同样也在创业圈中一直火爆的餐饮业作为第一次创业实践。

在经历两个月的餐饮定位、店铺选址、开店培训等一系列紧锣密鼓的流程之后，林凡在北京宣武门内大街一家购物商场的四楼盘下了约 120 平方米的门店，客户定位为商场附近写字楼里的白领，主打商务套餐。一份普通套餐的内容包含一荤两素、一份白米饭及一道汤品。他们雇了一个厨师，而自己充当服务员的角色。在考虑到租金、员工工资、原材料等一系列成本之后，每套普通套餐的价格定在 36~48 元。

在所有的准备工作做完以后，林凡选了一个农历上的“好日子”，店铺便正式开张。

原本考虑到店铺选址所在的商区能吸引大量人流量，同时商务套餐的定位也正好符合一般工作人员对正餐的需求，因此林凡对“第一桶金”的到来充满信心。令人失望的是，林凡的店铺在开业第一天就门可罗雀。即使中午用餐的高峰期，店内 1/3 的餐桌容量都没有被填满。

由于店面租金需要一次性缴纳至少一年，同时店铺每开张一天就要承担人工、原材料、水电等的成本流出，还要算上商场内广告投放等宣传费用，仅仅一个月过去，林凡合伙人团队的初创资金 70 万元人民币就已入不敷出。短短一个月后，此项生意遭遇紧急叫停。

在闭店后，林凡团队主要总结了两点失败原因：首先，由于开店准备较为仓促，团队没有做好市场调研，导致缺少特色和定价太贵。环顾商场内部其他的餐饮店，售卖米饭类套餐的比比皆是。林凡想要从已有的餐饮店抢夺人家的客源很难。其次，林凡团队为迎合商务定位的特色，不仅力求菜品精致，而且在店面装潢和餐具装饰方面投入较多，导致套餐成本过高。动辄 40 元一份的普通米饭套餐，即使对于收入可观的白领来说，也显然超出了预算。

痛定思痛之下，林凡团队联合厨师于一周内加急赶出了一份更具特色的菜谱，将主打商务套餐更换为更具个性化的地方小吃及网红菜肴，比如羊肉泡馍和龙虾炒饭等，同时调低了菜品均价。在调整策略之后，林凡的餐馆显然更符合一般上班族的口味，店面重新开张之后人流量多了数倍。

但是新的问题紧跟着到来。随着客流量的增大，每日正餐用餐高峰期时，林凡店内所有的桌子都会坐满，甚至店外还会出现排队，店内人手不够的问题就尤为突出。起初为了节约成本，林凡和其中一个合伙人不得不亲自下厨打下手，在坚持了将近一个月之后，林凡团队还是决定再雇两个厨师并上线外卖业务。虽然餐馆的运营效率提高了不少，但是增加两个厨子需要付出更多工资，同时外卖平台还要拿走部分抽成，这使得虽然店内客流量不小但是利润却十分微薄。由于开店过于辛苦，再加上利润实在不高，一年之后，因团队内部意见出现分歧，林凡合伙人团队散伙，林凡的第一段创业经历也正式画上了一个句号。

（二）网红茶饮真的赚钱吗

林凡创业失败后回到二线城市的家乡，仍然无法放下创业的执念。因为一个偶然的契机，林凡在网上注意到一则奶茶加盟的消息。在加盟商客服软磨硬泡之下，林凡最终去其公司总部进行了考察，并到公司所推荐的几家旗舰店进行了参观。一方面旗舰店的生意果然火爆，另一方面在加盟商“打鸡血”似的鼓励下，林凡对未来重燃信心。考虑到近几年的确有类似喜茶、乐乐茶的网红茶饮品牌红遍大江南北，林凡在慎重考虑之后决定“东山再起”。

在交完加盟费、选择店铺开张地址、对奶茶制作流程进行学习之后，林凡拿着父母给的已为数不多的积蓄，在家乡某商业步行街开了一家近 20 平方米的加盟店。由于原材料由总部统一供给，而且制作过程也相对简单，因此林凡仅仅拉上了正好赋闲在家的堂弟来一起支撑店面。虽然林凡参观过的旗舰店门庭若市，但是自己门前的生意却冷冷清清。无奈之下，林凡只能通过打折做活动，比如买一送一、外卖送优惠券等方式吸引客源。即便如此，依靠每天在夏天这种销售旺季才过百杯的销量，林凡想在四年内回本仍是无望。眼看商业街内类似的网红茶饮店一家家开业又一家家迅速地倒闭，林凡这才意识到茶饮想成“网红”并不如想象中那么简单。

观察近些年成功的网红茶饮店，无论是从少数城市一两家店开始才慢慢做大的喜茶和茶颜悦色，还是分布面积颇广的“一点点”和 CoCo，首先它们口感上佳，其次定位鲜明。茶颜悦色的中国风特色就很受年轻人欢迎，无论是饮品名字、用料及外观设计，甚至品牌 Logo 都独树一帜。喜茶定位为高端饮品，价格虽然贵，但是通过营销和一些新颖的原料组合总能勾起人们的好奇心。对于“一点点”和 CoCo 来说，口味、品质和价格亲民成了最大的优势。因此对于茶饮店而言，无论是从创意、口味还是性价比上，至少从客户最关心的一方面抢占市场并尽早培养客户生态相当重要。因为饮品行业是一个壁垒非常低的行业，在原材料统一采购、制作流程非常简单的条件下，突出客户喜欢、在意的重点才能吸引眼球。跟在只会模仿、以收取加盟费为盈利的加盟商背后，创业者很大程度会经历失败。门槛低、利润高是茶饮创业市场火爆的关键原因。耳熟能详的几家网红店却屈指可数。能像喜茶和茶颜悦色那样成功，产品设计、店铺选址、营销策略甚至运气均缺一不可。

（三）网红经济下淘宝开店的困境

一些人可能会想，既然实体店创业如此困难，那去开淘宝店呢？淘宝店不需要店铺成本，仅仅依靠进购货物、发送物流就可以实现，对于普通创业者来说不是更加友好？

但淘宝店的风口期早已过去，在互联网的加持下，“网红经济”已经成了淘宝店的主流商业模式。生意火爆的淘宝店除了有线下品牌，其他大多数都有比较出名的“网红”坐镇推销。网红们在各种网络平台上推销网店产品，方式包括不限于直播、微博红包打赏等方式，已经被打造为类似明星的网红会吸引大量粉丝到她的网店购买商品，并且这些用户黏性极大（见图 1–12）。

比如 2019 年因在网络平台发布田园生活视频而爆火的网红“李子柒”。许多城市消费者会对“李子柒”所展示的田园风光产生兴趣和猎奇，然后“李子柒”团队会将观看视频的流量导向其网店，消费者就想亲自尝一尝“李子柒”“亲手”做的农产品，其实这些农产品基本都是代工厂生产。经“李子柒”包装之后网店销量大增，“李子柒”的产

图 1-12　追捧网红

资料来源：中国新闻图片网。

品销售量基本位于同行业首位。“网红经济”催生了一大批类似“李子柒”的网络红人，在这些网络红人的背后导流并实现商业价值才是最终目的。对于没有粉丝基础的普通人来说，开淘宝店的门槛虽低，但想竞争过网红们却是万万不可能。淘宝店的产品销量几乎都被各大网红所挤占，即使是原材料相同、设计类似的同质产品在网红店和普通店的销量也会大相径庭。

对于创业者来说，单单努力是远远不够。创业者们不仅要拥有敏锐的市场嗅觉、超前的眼光和发现风口的能力，还要遇上合适的机遇。成功的永远只有少数，天时地利人和才是创业成功最终极的秘密。

三、你的存款要去补贴富人吗

《海峡导报》曾经刊登过一篇文章，讲述的是厦门一位老太太在1973 年存入银行一笔金额为 1200 元的“巨款”。历经 44 年风雨，2017年，老太太终于将这笔钱从银行取出来。老太太得到了 1484. 04 元的利息，本息加起来 2684. 04 元。

在 1973 年，1200 元相当于一笔“巨款”。当年一位普通职工的工资大约为每月 20 多元钱，1200 元相当于 5 年的工资。如果按厦门 2017 年职工非企业平均工资约 7.5 万元，5 年工资是 38.5 万元！

很多老百姓，特别是年纪大的长辈，非常喜欢把积蓄存在银行。前世界银行高级副行长、首席经济学家林毅夫针对这种现象曾一针见血地指出，把钱存入银行，实际上是补贴富人。

2019 年前，中国的基准利率一般被认为是中国人民银行对国家专业银行和其他金融机构规定的存贷款利率。具体来说，一年定期存款利率和隔夜拆借利率分别对居民和银行较有参考价值。当我们把通货膨胀率超过存款利率定义为“负利率”的时候，中国就已经进入了“负利率时代”（见图 1-13）。2011 年 7 月，我国居民消费价格总水平（CPI 指数）同比上涨 6.5%，而同期的一年期定期存款利率仅为 3.5%。自此以后我国持续了将近 17 个月的负利率，居民的资产价值受物价上涨而贬值。

图 1-13　负利率时代

资料来源：中国新闻图片网。

进入 2013 年之后，受通货膨胀率下降的影响，实际利率转正，情况暂时出现好转。但好景不长，自 2014 年 11 月至 2015 年 10 月，央行连续六次降息，多次下调金融机构人民币存贷款基准利率及金融机构人民币存款准备金率，一年期定期存款利率在 11 个月内从 3%下降至 1.5%，我国再次进入“负利率时代”。自 2015 年末，我国 CPI 同比变化量基本都高于一年期定期存款利率，而且近年来随着通货膨胀率的持续走高，实际负利率情况愈演愈烈，货币的购买力持续下降。

因此，在当前的形势下，物价稳步上涨，货币逐渐贬值，将钱存进银行已经不是最理想的投资方式。在负利率时代，在保证有足够的现金可以应急的前提之下，应将闲置资金用于风险较小收益尚可的投资中去，至少要跑赢通胀，才不至于财富缩水。

四、你的财富还稳吗

（一）中年人头上的“三座大山”

1. 中年人的事业“瓶颈”

在大多数行业，中年是事业的“瓶颈”期。年轻人往往精力充沛，学习能力较强，同时没有什么家庭束缚，因此有时间全力以赴，进步较快，处于冲刺事业的黄金时期。中年人，一方面上有老、下有小，需要照顾孩子，照顾家庭，有家庭的束缚；另一方面学习能力下降，而资源和能力已经在多年工作中发挥到了极致，因此升职加薪就变得比较困难。更糟糕的是，中年是一个人最容易埋下健康隐患的阶段。很多职业病在年轻的时候显得无关紧要，年龄大了就会出现较严重的健康问题。因此，很多中年人在事业发展上遇到“瓶颈”。

2. 令人操心的教育

教育几乎成了中年人心中那座最重的大山。投资教育是人生最有价值的投资。很多本身已经很优秀的中年人，不得不花费大量的时间和金钱，为孩子寻找辅导老师、培养兴趣爱好（见图 1–14）。当孩子达不到自己当年的水平，或者是看到朋友圈里其他孩子更优秀，家长往往会产生一种焦虑的情绪。本身文化水平有限或者财富能力差一点的中年人家长，更多的是将自己的期望寄托在下一代。

图 1–14　上兴趣班的孩子

资料来源：中国新闻图片网。

电视剧《小欢喜》就是当代中年人面临事业和教育两座大山的真实写照：男主角方圆是一位 40 多岁从事法务行业的中年人，他的两个孩子都面临着人生最重要的时刻——高考。为了给孩子提供良好的学习环境，方圆不得不将自己家在北京五至六环贷款买的大房子卖掉，然后全家租住在海淀区的一套小房子里。方圆一家每个月至少要支付 1 万多元的房租、1 万多元的房贷以及两个孩子昂贵的补习费。尽管在经济上已经投入了大量的金钱，方圆每天担忧孩子能不能顺利考上好的大学。更加戏剧性是，在这种关键时刻，方圆的父母被诈骗了将近百万元，并且方圆自己也遭遇了事业危机——被单位辞退。现实里的中年人大概率情况下不会碰上如此戏剧性的生活，但是电视剧中描写的失业危机、教育难题都是多数中年人可能经历并为之焦虑的真实问题。

3. 中年人的养老隐患

除了事业和教育，养老也渐渐成为中年人的心头大患。中国人“养儿防老”的思想根深蒂固，但当代中年人的孩子大多是“90后”“00后”，且多数是独生子女。假如两个独生子女组建家庭，未来面对4个老年人的赡养，子女压力过大是一方面，能不能把父母料理好又是一方面。因此，很多中年人计划靠自己养老。于是从年轻时候就注重身体、强身健体，除此之外，还要在照顾家庭和日常开支之外，节省出一部分金钱为自己养老所用。虽然一些人拥有退休金，但是面对重大疾病这种突发事件时，提前准备一笔钱至关重要，这不仅能减轻子女赡养的负担，也能增加自我应对风险的能力。很显然，从房贷、车贷和教育支出中省出一笔钱本身就有难度，如何对“养老钱”进行理财更是一个难题。

（二）新中产面临的财富陷阱

1. 不规范的金融产品是陷阱

中产阶级是一个国家积蓄财富的中坚力量。尤其是新中产阶级，他们往往需要通过较高的学识、丰富的工作经验和不懈的努力才能实现阶层的跨越。

中产阶级在各线城市的标准可能有所不同，但毫无疑问，中产阶级需要有稳定的收入和一定规模的净资产，包括但不限于房产、车和现金。

中产阶级拥有一定数量的财富，但是这些财富离中产阶级心中向往的“财富自由”还有一定距离。因为中产阶级也需要承担子女教育、医疗健康和赡养父母等支出压力，同时随收入的提高而对生活品质要求更高，因而支出数额往往不小。一些人的收入水平达到中产阶级标准之后，“瓶颈”期的出现使得收入增速放缓，不仅迈入高收入阶层较为困难，财富也面临缩水的困境。因此，中产阶级往往通过理财来寻求财富扩张。

在追求财富扩张的过程中，中产阶级很容易遇上一些“财富陷阱”。

2009~2016年，我国金融环境较为宽松，各类金融机构和金融创新一夜之间跃至大众面前，让人觉得“乱花渐欲迷人眼”。由于此间发行的一些金融产品缺乏法律监管，导致2017年金融监管大棒挥起之后，不规范的P2P、信托等产品频频“暴雷”。

而在数次“暴雷”之中，无数中产阶级的财富在一夜之间被掠夺干净。由于国内金融市场还有较大发展空间，新崛起的中产阶级除了股票和基金等少数投资方式以外，新中产对新兴的金融产品并不熟悉，因此缺乏相应的风险意识和理财常识。他们往往很容易被某种理财产品的高额收益所诱惑，继而被不规范的理财产品或机构拉向投资陷阱。

2. P2P暴雷

比如2012年，“互联网+金融”的概念将中国P2P推向高潮。短短三年的时间里，中国就成为世界上最大的P2P市场，据如是金融研究院统计，2015年P2P高峰时期国内有多达2600家平台。P2P是来自美国的“舶来品”，全称为点对点的网络借贷平台。在美国，P2P平台存在的意义是作为金融中介为个人投资者匹配合适的债权债务关系，在交易撮合的过程中，平台只提供信息渠道，自身并不参与资金借贷。但是当P2P流入中国之后，其内涵发生了本质的变化。

由于2015年银监会才正式介入P2P监管，因此，中国P2P平台从2012年出生以来经历了长达3年的监管真空期。除了一段时间内的监管缺失，中国的P2P与美国P2P的很大区别在于对科技的依赖程度。国外的P2P要通过全面的个人征信构建严谨的信用评级体系来为客户分配贷款，同时采用互联网科技对投资者和贷款人的资金进行管理。但是在中国，征信和科技元素被大大弱化。一方面是监管缺失，另一方面是平台自身运营水平受限，中国P2P已经脱离金融信息中介的定位，严重畸形发展。具体体现在一些平台“自融自保”，即自己做担保，为关联方企业融资。这严重违背P2P的初始意义，并逾越了银监会为

P2P 划定的红线。还有一些平台成了“庞氏骗局”，他们向借款人和投资者承诺高额的收益率，然后借新还旧，用后面投资者入平台的本金用作偿还前面投资者的利息。更有甚者，一些平台直接实行诈骗，向投资者承诺高额收益率，但融到钱之后立即跑路。截至 2018 年 7 月末，中国“暴雷”的 P2P 平台超过 4700 家，占比高达 74%，投资者就是这样被高额收益率所诱惑继而一步步落入圈套（见图 1-15）。

图 1-15　P2P 平台不法陷阱

资料来源：中国新闻图片网。

3. 资金安全是投资的首要考虑

巴菲特有句名言：“投资的第一条原则是永远不要亏钱，第二条原则是永远不要忘记第一条规则。”中国人民银行党委书记郭树清曾经在陆家嘴金融论坛上警告投资者：“理财产品收益率超过 6%就要打问号，超过 8%很危险，超过 10%就要做好损失全部本金的准备。”投资者应时刻牢记风险和收益相匹配这一基本常识。

为了不让血汗钱白白流失，新中产阶级或者广大投资者应警惕金融产品是否规范。不规范的金融产品可能会让人一夜间倾家荡产、血本无归。

本章结语

人工智能像把“双刃剑”，既带来生产力的变革，又封杀了诸多传统的就业机会。大众创业、万众创新是时代主题，而依靠天时地利人和的创业对多数人来说并不容易。当人们小有积蓄，习惯性存款时，财富却因通货膨胀的存在而面临缩水。除此之外，有些人饱受就业、教育和养老等问题的困扰。对于经济稍宽裕的新中产来说，进行投资又多面临诸多财富陷阱。2020 年，新冠疫情的出现更是让人措手不及。英国大作家狄更斯在《双城计》中写道：“这是一个最好的时代，也是一个最坏的时代。”危机中永远蕴藏机遇，财富创造和管理手段也会随社会进步而不断刷新。这个时代有太多选择，或好或坏。拓宽视野，了解理财的多个机会，才能逐渐解决生存难题。

尤其在疫情中，全球经济低迷，金融市场动荡，企业在困境中自救，全球财富正在洗牌。城门失火，殃及池鱼。大环境下，创富路曲折艰难。如何将困境破局，突破思维的藩篱，不妨学习中华五千年的创富智慧，读史使人明智，愿你我都能借助古人的智慧在前路中找到属于自己的明灯。

第二章

五千年的创富智慧

仓廪实而知礼节，衣食足而知荣辱。

——《管子·牧民》

衣食住行是生活的基本需求，人们只有在满足了这些基本需求后，才有可能追求荣辱感。对统治者而言，百姓安居乐业可以促进统治长治久安；对百姓而言，满足衣食住行是远远不够的，对财富的追求深深地刻在骨子里。于是，好的时代，统治者与百姓之间达成了一种默契，与民分利与促进民间财富创造达到了一种平衡。穿越5000年的历史长河，揭开政信文化的面纱，一览背后的创富智慧。

第一节　溯源政信文化

文化是相对于经济、政治而言的人类全部精神活动及其产品，是一个非常广泛又具有人文意味的概念。政信文化作为中华民族文化的组成部分，具有丰富的含义。凡是涉及政府参与或者与政府相关的文化，广义上都可以认为是政信文化；狭义上的政信文化既是富民强国的家国文化，又是百姓与国共赢的政商文化。

政信文化源自“富民强国”的中华传统文化，“富民强国”思想是我国古代治国理政的核心。政信文化拥有悠久的历史，伴随着“富民强国”思想的发展，不断趋于完善和体系。政信文化不仅是记录在学术古籍和经典著作中的思想，更是创富造富的指南针。历朝历代的官员与商人汲取政信文化智慧，实现家族财富积累和社会地位提升；统治者弘扬政信文化，扶弱济困，维护社会安定统一，实现百姓与国共赢。

一、政信文化源远流长

中国是世界四大文明古国中唯一传承至今的，屹立于世界之林近五千年。在这片热土上，先民们创造了甲骨文，建造了万里长城，发明造纸术、指南针、火药、活字印刷术。从伏羲创制“先天八卦”，到黄帝统一中原，道家思想延续发展，儒家思想开始出现，百家争鸣，百花齐放，中华民族创造了繁荣的文化。

贯穿中华文化始终的，是“信”字，无信不立，不诚无物。统治者和人民之间相互信任，统治才能长久，“与民共赢”的理念贯穿了中华上下五千年。和谐的政民生态源远流长，背后是延续千年的“富民”

思想。

政信文化是一种藏富于民、与国共赢的文化。统治者向百姓让利，百姓积极参与国家建设，实现百姓安居乐业、国家兴旺强盛的目标。政信思想是政信文化的重要载体，通过典籍中的文字记载，可以帮助我们审视政信文化的发展历程。

中国自古以来就有藏富于民的思想，在国家和百姓的利益分配中，让人民尽可能多地占有物质和财富，这是治国安民的基本原则。藏富于民不仅可以稳固统治，增强国家的稳定性，还可以在遭遇外部冲击时，帮助统治者从民间争取更多的资源。藏富于民实际上增强了国家的统治根基，增强了民间经济的韧性，即便在灾荒、战乱年代，老百姓对统治者采取的加税、增加兵役、徭役等手段有更强的容忍度，有利于社会稳定。

（一）商周时期，政信思想初萌芽

目前最早的藏富于民的思想出现在商周时期。《尚书》是我国最早的一部历史和政治文献汇编，记载了“裕民”“惠民”等富民思想，概括起来体现在发展生产力，让人民安居乐业，康泰幸福，兴修水利战胜自然灾害，宽厚对待人民。

《周易》是一部囊括了自然哲学与伦理实践根源的宝书。其中记载：“损上益下，民说无疆。”统治者关心民生疾苦，减少赋税和徭役，减少统治活动对百姓正常生活的影响，力求百姓可以安居乐业，将国家的财富分散到民间，可使百姓欢欣鼓舞，统治者的仁德之名也可广为传播，行事无不顺利。

（二）春秋战国，政信思想百家争鸣

到了春秋战国时代，奴隶制社会逐渐瓦解，封建社会逐渐形成。社会阶级发生了变化，由奴隶阶级与奴隶主阶级过渡到地主阶级与农民阶级。诸子百家开始从不同角度对富民思想进行解释，政信文化也从萌芽正式开始茁壮成长。

儒家思想是古代的主流意识，影响深远。创始人孔子提出：“足食，足兵，民信之。”在孔子看来，人民丰衣足食，是治国的头等大事。孔子还提出了“富而后教”“因民之所利而利之”的观点，把人民的物质财富作为推行礼乐教化的基础，建议统治者鼓励人民谋取利益、置办财产，采用让利于民的经济政策。“百姓足，君孰与不足；百姓不足，君孰与足”，人民有钱了富裕了，国家自然就富强了，人民的富足是统治者富足的根基。如果人民积贫积弱，那国家即使积累了大量的财富也不是真的富强。

孟子将孔子的思想进行了发展，更加重视民生，提出了“民为贵，社稷次之，君为轻”的观点。孟子建议让百姓拥有财产，使其对未来充满希望。如果没有财产，吃了上顿没下顿，那百姓很可能为生存而干坏事。如果等到犯了罪，再去杀掉他们，那是草菅人命。孟子还主张“轻徭薄赋”，即减轻百姓的徭役和赋税。还建议国君分给百姓院落、田地，鼓励百姓按时耕作、勤于农桑，饲养家禽家畜，以保证日常的衣食需求。滕文公大力推广孟子的主张，让百姓的生活质量大大改善，一时间自愿来滕国定居者络绎不绝，滕国实现了国富民强的目标。

荀子继承了早期儒家不与民争利的观点，进一步阐释了治国必先富民的意义。荀子认为，“富国”先“富民”。按照礼法节约开支是国家富裕的好方法，号召百姓妥善储藏剩余的物资。开支节约导致物资富余，从而人人丰衣足食。而土地肥沃且整治得好，收成就会增加百倍。人民越富裕，生产力越发展，国家越富强。

道家提倡无为而治，一切因顺自然，反对统治者干涉人民的经济活动。《老子》中提出了“我无事而民自富”的主张，即让人民自由牟取财富。但道家在根本上是反对人们追求财富的，认为“多藏必厚亡”，因此要求人们清心寡欲，过俭朴的生活。道家认为，即使客观上财富不多，但只要主观上自我满足，就算是富足，所谓“知足者富也”。

法家是提倡以法制为核心思想的重要学派，代表人物是管仲、商鞅和韩非子。法家以富国立论，注重富国强兵，兼有富民思想。《管子》中有顺应民心、富裕人民的观点。齐国山多，矿藏丰富，管仲认为，如果由国家强迫罪犯去开采矿产，会带来管理上的一系列困难，罪犯们还可能会利用深山的地理环境逃亡，给社会带来动乱。假若以征发劳役的办法去让百姓开采，也会招来百姓们的不满和怨恨。因此，管仲鼓励组织民间力量去开采经营，并提出了官民三七分利的具体办法。管仲既强调矿权国有，不容许私人染指，又提倡在政府的有效监督下，由民间去开采经营，通过老百姓和国家一起赚钱，调动群众开采矿藏的积极性。

墨家是东周时期的哲学派别，代表人物是墨子。墨子从平民奋斗的角度丰富了政信文化的思想，认为富裕生活是奋斗出来的。“强必富，不强必贫；强必饱，不强必饥”，求富的途径在于人民自己努力，反对亏人自利，要求在互爱互利中求富，同时要求统治者节约用度，减轻人民的负担。

历经春秋战国，儒家把传统的富民观点，丰富发展成为一种安邦治国的经济理论。儒家德治、仁政文化蕴含着优秀的中华美德和精神追求，随着汉朝罢黜百家、独尊儒术，儒家的富民思想对历朝历代的统治产生了深远的影响。后来的学者也都注重通过让百姓富裕来完成社会的管理。

（三）两汉至明清，政信思想日益成熟

西汉初年著名政论家、文学家贾谊认为，百姓富足是国家安定的根本，重视农民，提倡俭约，反对奢侈之风。刘邦的孙子淮南王刘安说：“安民足用，为治之本，务在于安民；安民之本，在于足用。”他认为治国的根本在于安民，安民的根本在于富民。东汉时王符在《潜夫论》中对富民为本进一步做了阐述，把农、工、商都视为治生之正道，强调以农桑、致用、通货为本，以游业、巧饰、鬻奇为末；大力发展农桑可以使人民富裕。

自魏晋南北朝至明清，封建地主制经济由鼎盛转向衰败，阶级关系

也有新的变化，富民思想和政信文化也随之改变，更突出了中小地主及富裕工商业者与大地主阶级的矛盾，因此，富民思想也更具体反映了这一矛盾及不同富民阶层的要求。

唐朝初期，久经战乱，百业凋敝。魏徵力主薄赋敛，轻租税，减轻百姓的负担。宋朝后期，国家积贫积弱，为了充实政府财政，提高国防力量，王安石力主打击大地主、富工、豪贾的兼并，维护中小地主及工商富裕阶层的利益。

15 世纪中叶前后，明朝面临着社会变革，明朝中期的“理学名臣”丘浚的核心观点是，要想国家富裕，必须让百姓富裕。明末清初，中国社会正处于动荡与变化之中。市民阶层的力量日益壮大，明末清初三大思想家之一黄宗羲提出“天下为主，君为客”的民主思想，他说“天下之治乱，不在一姓之兴亡，而在万民之忧乐”。判断天下是安定还是混乱，不是以一姓的兴旺为标准，而以万民的忧愁和快乐为标准。

清代是封建社会的最后时代，特别是鸦片战争前后，民族矛盾与阶级矛盾并存。富民思想的认识得到了高度的统一，无论是地主阶级思想家，还是保守者，都十分强调保护富民，不仅要保护地主，还要保护工商富民。

综观五千年来的政信思想，紧紧围绕着“富民强国，与民分利”这一核心。虽然政信思想为治国理政提供了良策，然而由于统治者难以抑制的与民争的冲动与其他内外部原因，朝代更迭，历史兴亡周期律在一遍遍地被证实。

二、国家扶弱济困，与民共赢

（一）解决百姓住房问题

当今的棚改、廉租房由政府和社会资本合作建造，为解决人民住房困难、有效推动经济增长、促进社会稳定起到了重要的作用。这种模式早在唐宋就已经出现。

当时的廉租房大多是政府和民间合作的，寺庙和道观在唐朝充当了廉租房的角色。政府无偿划拨土地，善男信女捐赠建房资金，房产的维护保养费用从寺庙和道观的香火钱中支取。大都市的庙宇常有上千间客房，供应试的学生、出门的商旅和遭了天灾的百姓临时居住。历史记载，唐代大诗人白居易进京赶考的时候，盘缠不足，前后几个月就租住在一个叫华阳观的道观里，房租非常便宜。宋朝抗金名将辛弃疾，早年前往燕京应试，为了省钱，住的就是北京的悯忠寺（现名法源寺）。

北宋初年，社会稳定，经济快速发展，民众大量涌入城市，房屋租赁市场异常火爆（见图 2-1）。节节攀升的房租使越来越多的人租不起房，露宿街头。于是，为了稳定社会，北宋政府就出台了“廉租房”政策，搞起了店宅务（初名楼店务）。店宅务是宋代官方房屋管理机构，负责官屋及邸店的计值出租和营修。据《宋会要辑稿》记载的推算，日租约 15 文，月租约 500 文。据苏辙《论雇河夫不便札子》“一例只出二百三十文省”，月租是两日收入水平，可见房租之低廉。

图 2-1 《清明上河图》局部图

资料来源：中国新闻图片网。

孤寡老人的赡养也是一大问题。唐代设立的“悲田院”，也就是古代的养老院，专门收容贫困、老幼残疾等无依靠的人。为什么叫悲田院呢？这个跟佛家还有关系，佛家认为供养父母为恩田，供佛为敬田，施贫为悲田。

宋代沿袭这套体制，但是修改为“福田院”。北宋初年，皇帝就强令各地建“福田院”，每家福田院都有几百间住房，逃荒入京的流民、穷困的市民、无人奉养的老人，都有资格在里面免费居住，并且免费提供伙食、医疗。

宋徽宗时期，因为福田院收养人数不够，宋徽宗下令在京城（开封）设立居养院，拿没有人继承而充公的绝户财产充当经费，收养鳏寡孤独老年人。全国各地纷纷仿照京城模式设立居养院，普及到县城。宋徽宗下旨，福田院收养的老人，每天发给米1升、钱10文，基本上可以满足老人的日常温饱。另外，对于80岁以上的居养老人，还有额外的补助，90岁以上的老人每日给酱菜钱20文，冬夏发放日常穿着的衣物。

《明太祖实录》中记载，明朝开国皇帝朱元璋也为老百姓的住房操碎了心。朱元璋是穷苦出身，看到百姓无立锥之地，于是下令南京的官员，寻找一块闲置土地，盖起260间瓦房，供没有住房的南京人居住。后来上海又复制了“南京模式”，对宋朝留下的居养院进行翻修，供给没房的人居住。

明清时期，会馆开始兴起。会馆的兴起与明清的科举之风盛行也有关。穷举子进京赶考，需要一个落脚的地方。千里赴京，穷酸书生，难免会与店家产生摩擦甚至受到欺负，于是先期进京做官和做生意的人，联合起来，置地建房，供进京赶考的同乡后备居住，也用于异乡人在客地聚会。凡是像样的会馆，都有戏台、议事厅以及客房。客房是为旅居在外没有住处的同乡准备的，租金非常便宜。

（二）官方和民间共同参与赈灾

古代以农业为百业之本，风调雨顺寄托了人民的美好期望。灾荒之年，官府和民间共同参与赈灾事宜，最直接的就是发放粮食。宋朝景德三年（公元 1006 年）三月，宋真宗皇帝下令开封府、京东西、淮南等闹饥荒的地方开仓赈贷，不分“主客”，流入灾民和本地灾民同等待遇。此外，让存粮流动起来，鼓励民间借贷。

古代赈灾也采取官民合作，除了政府主导自上而下的“官赈”，也有民间乡绅志士自下而上的“义赈”。赈灾方式有粮食赈济、钱币赈济、土地赈济、医疗赈济、房屋赈济、减免徭役赋税、以工代赈等。

天禧元年（公元 1017 年）五月，殿中侍御史张廓奉诏安抚京东灾民，出发前提了个建议：倡导保有存粮的家庭将之借贷给乡邻，秋收后按民间惯例连本带息收回。如果借贷者出于各种原因还不上，由官方负责赔偿，用政府信用解决出借者的后顾之忧。此议获得批准。

赈济粮来源于常平仓、义仓（见图 2-2）、社仓三类仓储。常平仓是设立最早的仓储系统，可以追溯到西汉宣帝时期。义仓归州或县管理，有“富贫相恤”的民间互助意义。社仓属于乡仓，由民间自营，地方官若挪用社仓中的粮食，就会以扰挠国政、贻误民生治罪。理学家朱熹曾在建宁府崇安县开耀乡设“社仓”，备荒救灾；地方政府拨给一

图 2-2　丰图义仓

资料来源：中国新闻图片网。

定的平价粮，由乡间人士负责经营管理。与官方主导赈灾相比，民间自主的募集和捐献，可以调动全社会的力量参与。政府与民间两者合作进行赈灾，能够相互弥补，最大限度地促进赈灾成效的达成。

几千年来的富民强国思想一以贯之，简单又深刻，统治者想要长治久安，必须保障人民生活，让利于民，藏富于民。在仁政德政推行的过程中，政府和统治阶级的信用不断增强，政信文化也随之增强。政信文化与富民强国思想同根同源，相辅相成，互为促进。

第二节　政信践行财富驱动力

士农工商，封建社会受重农抑商思想的影响，商人地位低下。受影视剧或者书籍的影响，提起古代的政商文化，可能大家首先想到的就是权钱交易，商人依附于统治者或官员攫取巨额的利益，为富不仁。实际上，古代商人由于地位低下，经商行为可以说是在夹缝中求生存、求发展。

泱泱华夏五千年，利用政信发家者不计其数。在建功立业的过程中，以政信文化作为指导思想，善用政信者，小则富甲一方，家族衣食无忧；大则富可敌国，青史留名。

一、千古政信第一人——吕不韦

吕不韦，战国末年卫国濮阳（今河南省滑县）人。商人出身的吕不韦有独到的眼光，凭借着敏锐的商业嗅觉和极强的公关能力，不仅积累起万贯家财，更通过投资嬴异人、辅佐秦始皇影响了中国历史的走向，堪称有史以来最有权势的政信投资人。

吕不韦早年以阳翟（今河南禹县）为总部，从事商业贸易，常年奔走在七国之间，通过贱买贵卖的手段，货通有无，积累起万贯家产，史书称为“阳翟大贾”。

大约在秦昭王四十五年，吕不韦在赵国邯郸偶遇秦国押在邯郸的人质嬴子楚（初称嬴异人），子楚是秦国太子安国君的儿子。吕不韦见到子楚以后，顿时感觉投资机会来了。事实上，子楚在赵国当人质，境遇并不怎么好。当时的秦赵之间，连年战争，子楚在赵国可谓是受尽凌辱。谁会看上如此一个沦落异国他乡的王子？没有人猜得懂吕不韦。

史书用“奇货可居”刻画了当时吕不韦初见子楚的激动，即现在投资购进稀缺的商品，留待将来高价出售。吕不韦对商品的认识超越了其他商人，将子楚作为投资对象审视，精明地察觉出子楚作为商品的价值。

吕不韦是老谋深算的商界大佬，花了挺长时间收集各方面信息，仔细研究之后，制订了一个投资子楚的计划。吕不韦准备押上全部身家投资子楚，这可能是中国最早的风险投资案例了。由于事关重大，吕不韦跑回家里与父亲商量。吕不韦问父亲：耕田之利几倍？父亲回答说：十倍。吕不韦又问：贩卖珠玉能盈利几倍？父亲回答：百倍。吕不韦再问：拥立一个国家的君主，盈利几倍？父亲回答：无数倍。于是，吕不韦对他父亲说：如今努力耕作，一年下来也不得温饱；但如果我能够拥立一个国君，所获之利就可以传至后世。

于是，一场政治投资开始了。想要让子楚继承秦国君位，第一步就要让他从众多王子中崭露头角，最直接的方法就是在敌人内部也能混得风生水起。吕不韦为子楚拟定的政策是广交宾客，收纳天下人才。第二步就该结交到秦国朝堂中人员，吕不韦在中间充当了大喇叭的作用。吕不韦是商人，游走天下，当到达秦国以后，吕不韦托关系找到安国君的宠妃华阳夫人，极力推荐子楚。华阳夫人当时尚无子嗣，吕不韦以百年之后华阳夫人如何打算为理由，让尚无子嗣的华阳夫人收了子楚作为养子。

子楚现在在秦国朝堂站稳了脚跟，翅膀硬了，吕不韦怎么能够影响和制约他呢？自古英雄难过美人关，吕不韦在赵国邯郸寻找到绝色美女，还将其献给了子楚。日后子楚继位，这个女人自然而然成为王后。

吕不韦通过一系列运作，辅佐子楚登上王位，即秦庄襄王，吕不韦的投资终于获得了回报，自己从一介平民变成了当时最强国家的丞相。公元前 249 年（庄襄王元年），吕不韦被任命为丞相，封为文信侯，河南洛阳十万户作为他的食邑，门客三千，奴仆万人。他还仿效诸子百家，著书立传，组织门客编撰了杂家著作《吕氏春秋》。

庄襄王即位三年之后死去，嬴政继位，尊奉吕不韦为丞相，称他为“仲父”。一笔投资，两代获益。吕不韦扶植两代秦国国君，借助秦国强盛的大势，率军讨伐东周，天下共主的东周彻底灭亡，成就了一番盖世功业。

二、七位践行政信文化的创富大咖

除了吕不韦以外，此处另评选出 7 位践行政信文化的大咖，按时间顺序排名，分别是子贡、范蠡、巴寡妇清、邓通、卜式、沈万三、伍秉鉴。大咖们通过弘扬政信文化、参与政信事业，发现了打开财富和荣誉大门的钥匙。

（一）端木遗风——子贡

子贡是儒商鼻祖，春秋巨富。子贡原名端木赐，复姓端木，字子贡，春秋末年卫国（今河南鹤壁市浚县）人。子贡是孔子的得意门生，孔门十哲之一，精通六艺的弟子之一，孔子曾称其为“瑚琏之器”，称赞他特别有才能，堪当大事。子贡懂经商之术，以诚信、义利、仁和、乐施为经商思想，积累了大量的财富，为孔子与其门徒的周游列国活动提供了有力的经济保障。历史上用“端木遗风”来表示子贡留下来的诚信经商之风。

子贡学习很好，文化修养很高，政治、外交才能卓越，经商能力高超。他跟随孔子周游列国，熟悉各地风土人情、物产情况，用敏锐的商业嗅觉，赢得了一次又一次的商业契机。携带束帛厚礼去拜访诸侯，国君与他只行宾主之礼，不行君臣之礼。可见子贡善于与贵人结缘。子贡品德高尚，比如掏巨资赎回鲁国奴隶而拒绝领赏，为恩师孔子守孝六年。千载过去，当时的财富早已化为云烟，而子贡的美名伴随儒家文化的传承与发扬光大，在历史的长河中长存。

（二）进退有度，方得善终——商圣陶朱公

范蠡字少伯，楚国宛地三户（今南阳淅川县滔河乡）人。楚国为了抗衡吴国，和越国构成稳定的战略同盟。身为楚人的范蠡跋山涉水来到越国，为越王攻吴出谋划策，后拜官上将军。当越国被灭时，他不肯投降于重用他的吴王夫差，而是陪着越王勾践做奴隶。范蠡劝谏勾践大力鼓励农桑，优先发展经济，采用有利百姓的政策，增强了越国国力，最终帮助勾践一举灭掉吴国。

范蠡深知"狡兔死走狗烹、飞鸟尽良弓藏"的道理，在政治生涯走到顶峰时隐退。离开越国后，范蠡化名鸱夷子皮，带着妻子和门徒在海边垦荒耕种，同时兼营经商。范蠡在经商过程中，坚持共赢的理念，贵出贱取，逆势而动，薄利多销，很快就积累了大量的财富。

范蠡成为巨富后引起了齐国朝堂的重视，齐王邀请他去做宰相，范蠡对政治有着清醒的认识，赶紧逃走了。逃走之前他秉承"还利于民"的思想，散尽家财，救济苍生。范蠡这次选择了陶地，陶地是当时天下的中心，交通便利，他带领家人一起耕种、畜牧经商，很快又积累了大量的财富。19 年间，他三次巨富而又三次散尽家财。范蠡后青史留名，被后人尊为文财神，万世敬仰（见图 2-3）。

图 2-3　范蠡奉为文财神

资料来源：中国新闻图片网。

无论是在朝为官，还是经商求财，范蠡风控都做得非常到位。创富不易，守富更难。每年各种财富榜又被戏称为“杀猪榜”，胡润研究院 2015 年曾发布《中国富豪特别报告》，1999~2005 年的胡润富豪榜上榜富豪中，有 35 位“问题”富豪，或者负债累累，或者锒铛入狱。相比之下，范蠡作为一个名利双收、十全十美的范例，值得敬仰和学习。

（三）世界上最早的女企业家——巴清

巴寡妇清是战国时代的大工商业主，也是中国乃至世界上最早的女企业家。其事迹在《史记》和《汉书》中均有记载。

从今天的角度来看，巴清做的是垄断专营的生意。丹砂又叫朱砂，就是硫化汞，有剧毒，但是也能治很多病，是“炼丹”的主要原料。巴清是有史记载的第一位家里有矿的人，守着家族的丹砂矿。凭借祖传的丹砂采掘技术和精明的商业头脑，在战国末期经营的富可敌国，凭借着雄厚的财力保卫一方。

巴清组织的私人武装即使到秦始皇一统六国后仍得到了保留，按理说这在秦代是不允许的，因为《秦律》明文规定：天下兵器，不得私藏。她凭借垄断身份，为秦始皇专供丹砂。巴清的生意得到了秦始皇的默许，成功在国家垄断中分到一杯羹，相传其家财之多约合白银八亿万两。秦始皇封巴清为“贞妇”，还筑了一座“怀清台”，召见巴清的时候以客礼相待。

（四）大汉造币厂厂长——邓通

邓通曾任汉朝私人造币厂厂长，蜀郡南安（今四川乐山）人。邓通早年只是一名普通的船工，被时人称为“黄头郎”。相传汉文帝曾经做了一个登天的梦，梦中有人推了文帝一把，文帝才成功登天。恰巧邓通的服饰和文帝梦中之人极为相似，文帝对邓通大加礼遇，邓通也十分机敏灵活，很快成为汉文帝宠臣，性格温和，不喜张扬，凭借与汉文帝的特殊关系，获得铸钱业的专营权。

曾经有相士给邓通相面，说邓通乃贫困终老之命。邓通作为汉文帝的宠臣，汉文帝自然是不信的，为了反证相士的话，汉文帝赐给邓通一座铜山，邓通可以广开铜矿，铸钱通行天下，为百姓提供通货。

邓通在获得采铜铸钱资格后，并没有投机取巧，而是带领家族亲朋，每一枚钱都精工细作，铸造的邓通钱光泽亮，分量足，厚薄匀，质地纯，广泛流通于全国。谚语“邓通币半天下”为证。邓通借政府主权信用，通过铸钱富甲天下，也为经济活动提供了通货，间接促进了商业的发展（见图 2-4）。

（五）位卑未敢忘忧国——卜式

卜式是西汉时期河南人，通过放羊逐渐成为一个富裕人家。卜式放羊的时候，日夜观察与守护着羊群，不怕苦不怕累，成为一个养羊专家。汉朝时匈奴屡屡扰边，汉武帝刘彻派卫青、霍去病北征匈奴。讨伐匈奴的战争开销巨大，国库亏空。卜式作为一介草民，闪亮登场，不但主动要求把赚来的钱一多半捐赠给国家，而且还请求亲率家族子弟上阵杀敌，并不求朝廷回报和奖赏。

卜式支援讨伐匈奴，一方面是位卑未敢忘忧国的热血，另一方面是

图 2-4　古代货币

资料来源：图虫网。

平定匈奴提供安定的商业环境，有利于自己农牧事业的经营。这实现了利国、利己、利民多方共赢。汉武帝给予了卜式丰厚的回报，不仅亲自下聘书让他当上了皇家牧场的场长，最后赐予他太子太傅的职位。卜式在这个位子上寿终正寝，名利双收。

（六）外贸达人的聚宝盆——沈万三

沈万三本名沈富，元末明初江南巨富，曾出资修建明长城，是历史上主动参与政信工程施工的第一大商人。沈万三幼时随父亲来到周庄，得益于周庄土地肥沃、灌溉方便，沈家通过躬耕起家，积累到第一桶金。元代富豪陆德源很欣赏沈万三的聪明才智和经商信用，由于时局动荡加上年事已高，陆德源将手里的财产全部赠送给沈万三，沈万三得到陆德源的馈赠后如虎添翼。

沈万三积累到一定财富后，开始从事对外贸易。元朝时海运发达，外贸畅通，沈万三将周庄作为大本营，主要从事商品贸易和流通，利用白砚江西接京杭大运河，东入走浏河的便利；把内地的丝绸、瓷器、粮食和手工艺品等运往海外，又将海外的珠宝、象牙、犀角、香料和药材运到中国，很快使自己成为江南第一富豪。

朱元璋在南京建都后，决定修补城墙。由于连年征战，民弱国穷，沈万三曾帮助朱元璋修南京城，个人承包了1/3工程费用，亲自参与政信工程（见图2-5）。

图2-5 南京明代古城墙

资料来源：图虫网。

（七）道光年间世界首富——伍秉鉴

伍秉鉴又名伍敦元，清代广州十三行商人，十三行是清代专做对外贸易的牙行，是清政府指定专营对外贸易的垄断机构（见图2-6）。伍秉鉴拥有政府法定授予的垄断经营权利，是不折不扣的政信从业者。2001年，美国《华尔街日报》统计了1000年来世界上最富有的50人，伍秉鉴就是其中之一。道光十四年（公元1834年），伍秉鉴的私人资产已达2600万银元。伍秉鉴财产的形式很多，不光是银子，还有自己的企业，做中西贸易，经营丝织品、茶叶和瓷器，是英国东印度公司最大的债权人。

图 2-6 广州十三行的生意

资料来源：图虫网。

伍秉鉴在国内买了大量的田产、宅院、茶园、店铺，甚至让银子变成资本，到美国投资铁路、证券和保险业务。伍秉鉴的怡和行一度成为世界级的跨国财团。

鸦片战争期间，伍秉鉴带领十三行的行商们积极募捐军费，修堡垒、造战船。然而由于武器差异过于悬殊，清政府全线溃败。英军兵临城下，清军和英军签订了《广州合约》，清朝出资 600 万两赎城，伍家一家就掏了 110 万两，可见其家底之厚。

纵观这八位大咖践行政信文化的历程，都离不开与政府打交道。无论是借助政府信用快速积累财富，还是获得垄断专营权成为巨富，抑或富裕后积极参与国家战略工程获取名誉和地位，乐善好施、共富共赢始终是政信参与者口口相传的财富密码。

政信文化是一种与国共赢的文化，无论是书籍记载，还是历史潮流中先贤的参与，这与现在政府鼓励老百姓通过政信投资参与国家项目、共享国家发展的红利不谋而合。千百年来传承的与国共赢、互惠互利的政信文化迸发着勃勃的生命力。

第三节　管仲“官山海”盐铁专营成就春秋霸业

提起春秋战国时期，就会想到“春秋五霸”，这是百年之间各个诸侯国实力最强，对历史发展推动作用最大的五位君主。齐桓公是春秋战国时期的第一霸主，这一切都得益于宰相管仲的精心运作。管仲有多厉害呢？强齐图霸，辅佐桓公九合诸侯，礼让天下开法家先驱。

管仲之所以能成功，离不开齐桓公的鼎力支持；齐桓公能够称霸诸侯国，离不开管仲的拓新改革与运筹帷幄。齐桓公尊称管仲为“仲父”，充分地放权和支持管仲改革。管仲如鱼跃大海，鸟入长空，一展治国的才华，首创了国家专卖制度，用合法做生意，把曾经偏安一隅的齐国，送上了春秋第一霸主的位置。

一、华夏第一相的成名史

管仲原名管夷吾，安徽颍上人。管仲是周穆王的后代，到管仲父亲这一辈，家道已经中落了。管仲年轻的时候，命途比较坎坷，干啥啥不成，因为贪生怕死、爱占小便宜，还经常被身边的人讥笑。

管仲年轻的时候家里很穷，拉上自己的好朋友鲍叔牙，两人搭伙做起了生意。从贫到富，农不如工，工不如商。虽然商人地位低贱，但是贸易之利胜于农耕。可是管仲的生意也不太顺利，没挣到多少钱。除了做生意以外，管仲还上战场打过仗，不仅没有英勇杀敌，还装死人做了逃兵。从古至今，当逃兵都是大忌，由于当时信息不发达，管仲依然从其他诸侯国谋得了做小吏的机会，每次都是干不久就被罢免了。

管仲入齐以前，算是个彻头彻尾的失败者。如果说三岁看老的话，那么管仲这辈子算是废了。其实不然，过往的这些失败经历，恰恰让管仲对当时的社会情况有了一手的认知，为日后一展宏图大志打下了坚实的基础。

入齐以后，管仲辅佐的是公子纠，鲍叔牙辅佐的是公子小白。齐僖公去世后，齐国经历了一段动乱，诸儿继位，史称齐襄公，后公孙无知篡位杀齐襄公，几年后公孙无知也被杀，齐国陷入政治空心。

齐襄公继位后，管仲带着公子纠在鲁国避难，鲍叔牙带着公子小白在莒国避难。然国不可一日无君，谁当国君这件事就变成了一场赛跑比赛，看公子纠和公子小白谁先跑回国。管仲向鲁庄公借了三十辆战车，在半路截杀公子小白。公子小白明白势单力薄，无法抗衡，于是装死，躲过一劫。后加速赶往了齐国，在公子纠之前掌管了齐国政权。

公子小白当上了齐国国君，史称齐桓公，提议拜鲍叔牙为丞相。鲍叔牙果断拒绝了，然后推荐了自己的好哥们管仲。鲍叔牙自降身段，向齐桓公说，如果任用自己，可以保证齐桓公在国内安定，如果想要使齐国走向富强，必须重用管仲。齐桓公也是个明白人，一边是一箭之仇，一边是齐国富强，三思之后他选择了任用管仲（见图 2-7）。对齐桓公

图 2-7　管仲拜相

资料来源：图虫网。

而言，任用管仲可以增强国力，比起自己个人的恩仇，国家富强才更重要，政信文化以其强大的感召力，让齐桓公跳出个人好恶的小圈子，走入了富民强国的正途。

齐桓公、管仲和鲍叔牙都是深谙共赢大道的高手，有了齐桓公的鼎力支持。在东海之滨这片土地上，管仲开始为“春秋第一霸”奠定基础，在全国划分政区，组织军事编制，设官吏管理；建立选拔人才制度；按土地分等征税，禁止贵族掠夺私产；发展盐铁业，铸造货币，调剂物价，被后世誉为“法家先驱”“圣人之师”“华夏文明保护者”。

二、经济改革共富强

（一）六兴之策，先富国民

封侯拜相之后，管仲终于得以一展其治国安邦的大才。新官上任，管仲干的第一件事就是先给齐桓公上课，统一思想理念。改革涉及利益的重新划分，不可避免会有群体利益受损，改革的推动者只有与君主达成共识，才能在遇到改革阻力时持续推进。

在统一思想方面，管仲向齐桓公提出，“仓廪实而知礼节，衣食足而知荣辱”，即老百姓只有吃饱穿暖才知道礼义廉耻，才知道忠君爱国。想要称霸诸侯，就要民富国强，就要发展生产。管仲激励人民积极生产，参与到国家建设中来，与国共赢。

在治民上，管仲说，人民怕忧劳，我就让他安乐；人民怕贫穷，我就让他富贵；人民怕危难，我就让他安定；人民怕绝后，我就让他生育繁息。国家要得利，首先要保证人民得利，人民的物质生活得到保障后，国家才能与民同乐，老百姓才能跟君主一条心。

老百姓富起来了，国君一定会看着眼红的。管仲说，要使人民富裕，仅靠鼓励生产、保证农业劳动力的投入、兴修水利等措施远远不够，还应该采取利民的政策。对老百姓征税，应该有节制。横征暴敛，违背上天的法则，可以爽快一时，却难以长久。国家应该爱惜老百姓的生产成果，不奢靡浪费，妥善安排财政收支，尽可能减少老百姓的负担。

思想统一了，接下来就是怎么干的问题了。为解决“民足”问题，管仲借助政府行政手段推行“六兴之策”，开辟田野，建造住宅，讲求种植，劝勉士民，鼓励耕作，修缮房屋，改善人们生活。

想要老百姓生活富足，发展经济是第一位的。做过生意的管仲知道，务农不如经商，齐国靠着大力发展商业，驶入了经济增长的“快车道”。管仲推出了一个政策，“四民分业，士农工商”，奠定了中国几千年来的社会层级基础。管仲把齐国的人分成了四个阶层：当兵的（士）、种地的（农）、搞手工的（工）和经商的（商）。划分完阶层，让老百姓明确自己在整个社会上的位置，打消幻想，在自己这个阶层上好好干就行了。同时，管仲将这四个阶层的人分别固定在不同的区域。一方面，同一行业的人聚集在一起以后可以相互交流经验，提高技艺水平；另一方面，也可以营造一个良好的环境，不会让人见异思迁。不至于手工业见经商的开张吃三年就跑去经商，经商的见做手工业的发了财，就抛弃经商去做手工业。同行人积聚在一起，专注于一个领域，提高了职业的稳定性，从而更有助于提高效率。

这么做的结果是齐国当时的手工制造业非常发达。《周礼·考工记》作为中国春秋战国时期记述官营手工业各工种规范和制造工艺的文献，就详细地记述了齐国关于冶金、纺织、制车、制陶、漆器制作、铸镜等手工业各个工种的设计规范和制造工艺。这种专业化的分工模式在提高了国内生产效率的同时，也为后来齐国与其他诸侯国通商，并借此遏制各国奠定了基础。

（二）相地而征，轻重之术

春秋时期，各国生产力都还不发达，农业是百业之本。土地既是国家赋税的主要来源，也是国家财政收入的命脉。古代的时候，土地涉及百姓、贵族和王侯的根本利益，任何关于土地的改革都是根本性的改革。为了提升齐国国力，管仲采用国家行政权力推动土地改革；以富裕国民为政策制定导向，关心民生，减轻老百姓的负担。

齐国一直实行的是公田制，老百姓为诸侯种公田，为自己种私田。公田的收入不属于自己，所以干起来没有积极性，导致公田的产量一年不如一年，相反自己偷偷去开辟私田。贵族们也不断侵吞公田，巧取豪夺占据私田。失去土地的流民涌入城市，一方面影响了粮食的产量，另一方面也增加了城市的不安定性。

管仲上任后，在农业领域采取了“相地而征”的改革措施。就是根据土地的好坏来征税，肥沃的土地多征税，贫瘠的土地少征税。

管仲采取以下三招解决土地的问题：第一招叫“均分地力”，不再分公田和私田，统统集中起来，平均分配，每户一百亩，做到耕者有其田。第二招叫“土地下放”，春秋版“家庭联产承包制”，分户经营，农民耕种的是自己的份地，大大提升了他们的生产积极性。全家老幼齐上阵，在地里耕种越多，收获时自己能留下的越多。第三招叫“与之分货”，根据土地的肥沃程度测定粮食产量，生产者按规定缴纳赋税后，剩下的粮食就是自己的了。具体的赋税制度是实物分成制，分租比例固定，多产多得。如果说前两招解决了老百姓的吃饭问题，那第三招就是解决了国家的赋税问题。

当国内出现灾害或者经济失衡时，管仲还会用宏观调控的方式解决问题。有一年东部丰收，粮价每釜 10 钱，谷贱伤农；西部洪涝，粮价每釜百钱，百姓挨饿。于是管仲向齐桓公建议，今年每人 30 钱的税，都改用粮食来收，按当地粮价为准。这样一来，东部每人缴纳三釜粮食，国库堆满了粮，而且交完以后当地的粮价上涨，百姓受益。西部每人只需要交三斗粮就算完税了，减轻了受灾百姓的负担。同时，再拿国库中满满的粮食去救济西部受灾群众，这样就东西互补，远近调节了。

（三）盐铁专营，强盛国家

农业只能实现一个国家民富的目标，真的想要强国，必须发展工商业，增加政府的赋税收入。管仲明确将矿藏和制盐业收归国有，实现了我国最早的盐铁专卖制度。盐铁专卖真的让齐国做到了府库充盈，民富国强。

官山海，盐铁专营起源于管仲和齐桓公的一次对话。齐桓公说，国家钱不够用，我想征收房屋税。管仲说，不行，这等于让老百姓拆房。齐桓公说，征树木税呢？管仲说，这等于让老百姓砍伐森林。齐桓公说，那就征收人口税吧。管仲说，不行，这相当于让老百姓少生孩子。齐桓公怒了，这不让征，那不让征，孤王喝西北风去啊。

管仲笑眯眯地回复，臣有妙计，官山海。于是，一场延续到今天的垄断经营改革就此拉开帷幕。官山海就是政府专营山、海资源，国家对盐、铁垄断经营，实行专卖政策。相较于垄断经营，直接加税老百姓会切实感受到负担，而把税加到盐价和铁价中，老百姓不知不觉把钱掏了。因为无论什么时候，老百姓都得吃盐、耕种都需要铁器。

管仲说，以前虽然也对盐铁征税，但是国家财政收入并不多。之前按山泽关市之税来征，大头都让商人拿走了。盐铁获利丰厚，想要将利收归朝廷，只要用一个专卖制度就行了。专卖并不是让政府役使奴隶去采矿煮盐，而是采用承包的方式，将开矿、制盐等工作分包给百姓，让百姓们去生产，再由政府统一采购、运输和销售，最后和百姓们分享收益。管仲没有彻底垄断盐铁行业，而是在生产端鼓励百姓参与，分利于民，让百姓共享红利。

齐国濒临大海，是春秋时期食盐的主产地。齐桓公发布命令，无论是不是齐国人，都可以来齐国砍柴煮盐，煮出来的盐不能私自带走，由齐国政府统一以合理价格收购。盐由政府统一销售，官运、官销。禁止私人销售食盐，有贩私盐者，抓住后严惩不贷。这一政策自从春秋开始，一直持续了两千多年。

铁器方面，同样推行了专卖政策。铁是手工业、农业和家庭生活必需品，只要用铁，就没有不交税的。铁的民制政策促进了铁器生产的发展，使铁制农具的使用日渐推广（见图 2-8）。管仲也鼓励老百姓自己开炉炼铁，生产的铁器也采用官购、官运、官销。铁矿开采方面，“量其重，计其赢，民得其七，君得其三”。炼铁原材料来自国家的铁矿，炼出来铁后，政府白拿三成作为原材料钱，同时官府负责铁制品的采购和统销。在这种经济模式下，政府轻易就获得了比收人头税高得多的收入，百姓们也得到了很多工作和报酬，政府和百姓都迅速富有起来。

图 2-8　古代冶铁泥塑

资料来源：图虫网。

在中国历史上，管仲是盐铁“直接专卖制”的创始人。直接专卖制有两个明显的优点：一个是寓税于价，保障国家拥有源源不断的财政收入；另一个是统购统销，通过购销之间的价格差，再获得一些利润。就当时来说，管仲的盐铁专卖既为国家增加了财政收入，政府不必另筹税源而国用足，又发展了民间盐铁生产，保障了人民在生活和生产上的需要。

三、政信视角解读管仲改革

春秋战国时期是一个动乱不堪的年代。乱世出英雄，管仲借助政信的手段推动改革，使齐国一跃成为诸侯国中的霸主，奠定了齐国长期富庶的基础。

管仲年轻时看起来像个彻头彻尾的失败者，幸有鲍叔牙知遇之恩。拜相之后如鲤鱼跃龙门，一系列安民强国的政策，让齐国从一个混乱的小国，成为春秋五霸之首。齐桓公称管仲为仲父，后人将管仲称为千古第一相。管仲一系列治国理财的奇谋，都依赖于齐桓公这棵大树，管仲也真正实现了与国共赢的初衷。

从管仲的生平经历来看，践行政信文化是需要条件的。年轻时的基层工作经历，让管仲饱尝世间冷暖，也让他真正能感受到底层人民的需求，在选定施政方针、制定政策的时候更有针对性。

吴晓波在《历代经济变革得失》中对管仲改革花了大笔墨进行描写，归结为四个字——“以商治国”。管仲早年丰富的社会经验和失败经历，让他对当时的社会环境有着清醒的认识，能够一针见血地发现改革的重点。改革一定会带来利益的碰撞与重新分配，制定政令容易，如何让政令有效落地、保证改革持续性是历朝历代一直存在的难题。

管仲从共赢的角度出发，让人民享受到实实在在的红利，国家再从红利中分利。管仲的改革是借助国家主权推动的自上而下的改革，采取的改革措施却是从下至上的，以盐铁专卖为例，从日常生活中常见到甚至让人意识不到存在的盐铁出发，采用统购统销和加税于价的策略，降低了国家征敛对人民造成的直接影响。人民参与晒盐和冶铁劳动，国家统一收购，实现了国家与人民的双赢。

无论是采取“六兴”之策，还是进行土地改革，根本上都是先让人民得利，激发人民的生产积极性，然后实现富民强国的目标。当代的政信项目秉承了这个思想，通过吸引百姓参与到政府主导的项目建设中，建设项目为人民，项目建设运营红利百姓和国家共享，实现双赢。

管仲的改革开创了多个史上第一，首先采取盐铁专营，开创了延续几千年的国家专卖制度；第一个提出鼓励消费，扩大内需进而促进生产的观点；第一个采用以商止战，通过与周边国家进行贸易，设计贸易战削弱邻国实力。每一项措施都大大激活了齐国的经济活力，提升了百姓的生活水平。如果说经济活动是百姓与国家一起在做蛋糕，一般的管理者和改革者只注重分蛋糕，掌握政信智慧的改革者先关注做“大蛋糕”，这样国家能分到的自然就更多了。

第四节　商人胡雪岩的首富之路

为官当学曾国藩，为商须看胡雪岩。胡雪岩作为晚清江南巨富，他的发家历程颇具传奇色彩。从一个钱庄跑堂的小伙计干起，凭借着高超的商业才能和对政信文化的理解运用，先与王有龄通力合作，又和左宗棠成为莫逆之交，开设阜康钱庄、丝庄、胡余庆堂，代理左宗棠借洋债，筹粮饷买枪炮。

虽然最终胡雪岩成为政治斗争的牺牲品，不可否认的是在胡雪岩发家的过程中，通过巧妙参与政府项目，帮助他迅速实现财富积累，成为一代传奇。

一、花花轿子人抬人，帮别人就是帮自己

胡雪岩本名光墉，字雪岩，是徽州绩溪人，他生于道光三年（1823），卒于光绪十一年（1885）。一生先后经历道光、咸丰、同治、

光绪四朝，这四朝晚清的国运越发衰微，胡雪岩正是在动荡时局中，开启了闯荡江湖的旅程。

胡雪岩小的时候家里比较穷，父亲去世早，他作为长子，早早离家当学徒谋生。社会是一所最好的大学，胡雪岩在杭州商行、粮行、钱庄都做过学徒，在社会底层的大染缸锻炼久了，他练就了一身八面玲珑、左右逢源的本领。这身本领帮助他在日后的工作生涯中，广交官、商、匪、洋各路人马，财运亨通。

胡雪岩的发迹，要从五百两银子说起。胡雪岩当时在杭州的一家钱庄当伙计，一日外出偶遇王有龄。胡雪岩见王有龄气度不凡但眉中带愁便攀谈起来。此时的王有龄正为钱和前途发愁呢。父亲在世时已经给他捐了个“候补浙江盐大使”的官差，真的想要上任，还得进京打点一番，最终由吏部统一派遣，才能真的走马上任。无奈他早已囊中羞涩，纵有进京的盘缠，也没有打点的余钱。他把自己想由“盐大使”改捐“知县”的心思说了出来：盐大使虽好，可是只管盐场，始终是个跟班；花五百两银子的话，改捐个知县，才有机会好好做一番事业。一番话说得胡雪岩恍然大悟，原来是没钱难倒英雄汉。胡雪岩赶紧想办法给王有龄张罗钱，换成京城的银票送来。胡雪岩说：“我看你好比虎落平阳，英雄末路，心里说不出的难过，一定要拉你一把，才睡得着觉。”王有龄激动地拜谢胡雪岩，北上进京。

王有龄捐官顺利，先遇贵人胡雪岩仗义疏财助，又遇旧友何桂清，获得浙江海运局的实职。王有龄返回杭州后，多方找寻胡雪岩。胡雪岩的商业生涯，也随着王有龄的官运亨通，正式拉开了大幕。

二、开钱庄代理公库，政信助力飞速成长

胡雪岩的生意怎么做起来的呢？首先建立了阜康钱庄。最初的本钱借自王有龄的海运局，号称二十万两，开张时实际上只有五千两。阜康

钱庄在初期获得了王有龄的支持，后续又获得代理公库的资格。代理公库，用今天的话来讲，就是合法的加杠杆。

随着王有龄的官位越做越高，胡雪岩代理的公库越来越多，层级也越来越高，王有龄在湖州当知府时，阜康钱庄代理了湖州公库；王有龄升任杭州知府时，阜康钱庄就慢慢代理了浙江省的公库。代理公库有两个显而易见的好处：其一，公库里的资金不用付利息；其二，代理公库相当于获得了政府的信用背书，官府都把钱存在这里，老百姓不用担心钱庄倒闭。

胡雪岩的阜康钱庄，主要是在省内发展，取之于浙，用之于浙。阜康资金主要来自代理浙江公库以及各政府官员的存款，资金的主要去向就是有两项：一项是倒卖生丝，另一项是给官员和逃难的乡绅放款。

胡雪岩倒卖生丝生意，着实是动过一番脑子的。湖州是江浙有名的生丝生产地，每年生产大量的生丝。阜康钱庄代理湖州公库时，每年向省里交送收入。对胡雪岩来说，与其把银子直接运到省里，不如就地买丝，把丝销往杭州，生丝卖出以后再向省里藩库交银子。这是不用本钱的生意，加上胡雪岩善于用人筹措，丝行很快在杭州站稳了脚跟，胡雪岩也成为杭州有名的丝商。

钱庄为什么要给官员放款呢？这跟当时的制度有关，官员调任，不仅需要上下打点，还需要一笔不小的搬家、安家费。清朝时基本上一人做官，要养活一大家子人，调任升迁往往意味着整家搬迁。这是一笔不小的钱，官员们借了拿什么还呢？清末因为太平天国起义，各地纷纷征收厘金，成为赋税之外一项重要的收入来源。赋税中央政府可以管，厘金就鞭长莫及了，很多进入了地方官员的腰包里。因此，对地方官员来说，无论利息多贵都要借，早一天走马上任，就可以多捞一点油水。

太平天国势头强劲的时候，江浙安徽附近的乡绅富豪大多跑到上海来避难。上海当时有租界，相较于内地安全多了。这些乡绅富豪在当地往往是靠收租过日子的，不知道赚钱辛苦，花钱大手大脚。刚逃难时，还备着金银细软，时间长了难免坐吃山空。他们开始以地契和借据作为抵押向阜康借钱。

胡雪岩凭借着在官场和洋人圈内的关系，知道太平军难成大器，被清军剿灭是迟早的事情。因此，他才敢放心地让乡绅富豪拿地契来抵押。太平军几时能被剿灭，谁也不知道。可想要放款必须得有存款，于是胡雪岩开始偷偷吸收太平军的存款。太平军的存款通常不会给利息，一般是按定期来存。太平天国垮台后，肯定是严惩匪首，对于胁从的太平军，基本上睁一只眼闭一只眼。看准这两点，加上阜康的金字招牌，胡雪岩的钱庄生意很快在浙江站稳脚跟，开始走向上海。

三、仗义疏财，为国为民

胡雪岩第一次用 500 两银子帮助了王有龄也成全了自己。1861 年，杭州城被太平军攻破，王有龄自缢身亡，胡雪岩在官场失去了强有力的支持。失之东隅，收之桑榆。这一次，胡雪岩用 20 万石米和自己的盖世商才，敲开了左宗棠的大门，踏上了成为全国巨富的道路。之前，胡雪岩只在杭州是大财主，而与左宗棠的相识将胡雪岩推向了晚清第一巨富。

1862 年春天，左宗棠带楚军入浙，等待着给浙江境内的太平天国军队致命一击。由于人生地不熟，将士们要钱要粮都不好办。胡雪岩急人之所急，为左宗棠带来了 20 万石米和 2 万两银子。伸手不打笑脸人，左宗棠高兴地接受了胡雪岩送来的厚礼。一阵攀谈后，左宗棠不仅改变了对胡雪岩的认识，更觉得相见恨晚，很快给朝廷写奏报，调胡雪岩入大营担任后勤总管，主持收复杭州和事后安抚的后勤工作。

胡雪岩带的这份厚礼解决了前线粮饷短缺的问题，消除了官兵哗变的可能。胡雪岩利用在上海洋场的关系，协助左宗棠组建中法联合常捷军，采购洋枪洋炮等军需物资。杭州城收复以后，连年战乱导致城里饿殍遍地，房屋建筑破败不堪，钱塘繁华盛景不再，胡雪岩作为赈灾、抚恤主管，妥善处理了杭州的善后事宜，深得左宗棠器重。

1866 年，左宗棠开始兴办洋务运动。李鸿章经营北洋，左宗棠经营南洋。办洋务免不了和洋人打交道，胡雪岩充分利用和洋商的关系，协助左宗棠创办了中国史上第一家新式造船厂——福州船政局。就在船厂刚刚动工不久，恰逢西北事起，朝廷下令左宗棠调任陕甘总督。左宗棠赴任之前，一面向朝廷推荐江西巡抚沈葆桢任船政大臣，一面又竭力推荐胡雪岩协助料理船政的一切具体事务。三年后，船厂的第一艘轮船"万年清"号下水成功，从马尾试航一直行驶到达天津港，当人们首次看到中国自己制造的轮船时，万众欢腾，盛况空前，连洋人也深感惊奇。

1874 年，胡雪岩动用银子 30 万两创办了胡庆余堂国药号（见图 2-9），取对联"向阳门第春常在，积善人家庆有余"中"庆余"的意思，定名为"胡庆余堂雪记国药号"。胡庆余堂与北京的百年老字号同

图 2-9　胡庆余堂

资料来源：中国新闻图片网。

仁堂南北相辉映，有“北有同仁堂，南有庆余堂”之称。胡雪岩乐善好施，将胡庆余堂救死扶伤的对象范围扩大到全天下所有的百姓。在胡雪岩的主持下，在《申报》上大做广告，免费赠送辟瘟丹、痧药等民间必备的太平药，使胡庆余堂在尚未开始营业前就已名声远播。

四、为西征借洋款，从战争中掘金

西征新疆，是左宗棠与胡雪岩合作最成功的一项案例。左宗棠有了胡雪岩的钱粮保障，成功收复了新疆，完成了千古功业。胡雪岩也从西征借款中获得了丰厚的手续费收入，名利双收，被朝廷授予布政使衔（从二品），赏穿黄马褂，官帽上可带红色顶戴，后人传诵的“红顶商人”称呼由此而来。

远征新疆，来自朝堂之上的博弈。当时清政府海陆交困，西北有阿古柏投靠俄国，俄军出兵占领伊犁；东南有日本直接出兵登陆台湾。整个国内的局势是太平天国刚被剿灭，国库亏空，朝廷无力同时支撑起两场大仗。左宗棠以收复新疆乃燃眉之急，在西北击败沙俄，可以有效抑制各国在东南的挑衅，成功说服了慈禧太后。远征新疆成为最重要的战争。

西征首先要解决两个问题：第一个是钱从哪来。清朝采取的是协饷制度，简单来说，就是根据中央政府的安排将各省之间的财政收入统一调度。根据中央的安排，富庶地区财政收入大于支出，多余的部分上交户部或者按要求转给收支不平的省份。由于多年征战，国库亏空，协饷制度名存实亡。

左宗棠经过测算，8 万西征军每年需 800 多万两白银。主持朝政的洋务派大臣将有限的资金投入到北洋水师的建设中，再无余粮供给远征新疆的左宗棠部队。要钱？没有，协饷欠条倒是可以给一堆。左宗棠深感绝望，感慨西征大业“将如海市蜃楼，转眼随风变灭矣”。

左宗棠拿着这些欠条，一下子要不回钱来，可是仗还是要打的。怎么办呢？只有借外债了。这个任务理所应当落到了胡雪岩头上，胡雪岩在上海洋场全力筹措。全力筹措，其实是个肥差，因为背后有协饷欠条担保，绝对不可能坏账，因此各家洋商都乐意借钱。

为什么协饷欠条有这么高的信誉呢？本质上因政府的信用在做背书。具体操作是左宗棠负责借钱花钱，应协省份用海关收入负责还钱。在借外债时，清政府命令应协各省出担保票，通过总海关税务司命令各省关税务司加盖督抚印。

胡雪岩当时担任上海采运局道员，全权负责四次“西征借款”、所有和外商接洽借款事宜，借款共计 1595 万两。以第二笔借款为例，汇丰银行索取利息是年息一分（10%），左宗棠为了答谢胡雪岩，在向朝廷报告时含糊其词改为月息一厘，这样年息就变成了一分二厘（12%），瞬间利息增加了 20%。由于借款以英镑计算，后面又以汇率变动为借口，每月加息银二厘五毫，折合年息就是一分五厘（15%），从年息一分到年息一分五厘，这中间的差额大部分都流入了胡雪岩的腰包里。

第二个是军需供给。胡雪岩充分发挥之前和洋人交际的优势，帮助左宗棠采购了大量枪支弹药。胡雪岩代办军火很上心，在这些洋行间互相比价，精心选择，将大批军火转运西北，仅 1875 年在兰州就存有从上海运来的来复枪“万数千枝”。胡雪岩还购置了利于作战的先进仪器和新式枪炮，如前线指挥官使用的双筒望远镜、兰州制造局甚至根据胡雪岩的采购专仿普式（德国）螺丝枪及后膛七响枪。

胡雪岩的钱粮筹措，为西征的成功立下了汗马功劳。关于胡雪岩的富有程度，历史上没有准确的记载，不过粗略测算，他的“阜康钱庄”在京城仅列“四大恒”（恒利、恒和、恒兴、恒源）四家钱庄之后，分支机构达到 20 多处，资产在 2000 万两以上。为方便储存资产，胡雪岩故居有地窖，距地面约两米，占地约八平方米（见图 2–10）。

图 2-10　胡雪岩故居的地窖

资料来源：中国新闻图片网。

胡雪岩一生的成功，离不开两位贵人的帮助，第一位是王有龄，第二位是左宗棠。王有龄将代理公库业务交由胡雪岩创立的阜康钱庄，促使胡雪岩获得了人生的第一桶金，成为杭州富户。王有龄兵败身亡后，胡雪岩结识了左宗棠。两个人的命运交织在一起，筹粮、筹饷、西征借洋款，胡雪岩走出江浙，生意范围大大扩张，从中获得丰厚利润，成为富甲天下的财主。在积累财富的过程中，胡雪岩恰当、准确地利用了政信为自己背书，增强了自己的商业信誉，从而实现了多方的共赢。两位贵人对胡雪岩的帮助，实际上是政信对胡雪岩的帮助。

与胡雪岩同处清朝末期的伍秉鉴、盛宣怀，其发家历程也均为借助政府信用，获得垄断经营权力和政府背书，从事商业贸易和生产经营，短时间内积累起了众多的财富。

对于普通人而言，很难获得像胡雪岩这样结识高官、获取政信支持开辟事业的机会。那么这是否意味着对我们个人而言，政信的好处就像够不着的桃子，看得着吃不着了呢？其实参与政信并不像我们想的那么难，随着金融市场的发展和金融工具的完善，政信金融产品种类也逐渐丰富起来。

为了增强国力，改善民生，我国政府推动了众多大型项目的建设，在项目的建设中积极鼓励老百姓投入资金参与进来，对于老百姓而言，参与这种项目是一个很好的选择，项目有政府信用做担保，风险极低，可以稳健获得收益，同时又为国家建设略尽绵薄之力。

本章结语

中国有浓厚的家国文化，“民富强国”思想是我国古代治国理政的核心。历来有“得人心者得天下”的古训，百姓骨子里流淌着“天下兴亡，匹夫有责”的血液。在儒家独尊的历史长河中，仁义礼智信是倡导的传统美德，是人性中的光芒。穷则独善其身，达则兼济天下，都反映了个人与国家唇齿相依。政信文化就是在这样的土壤中发芽成长的。国为民，民卫国，共同富强。正如《国家》歌曲里唱的：“一心装满国，一手撑起家。家是最小国，国是千万家。在世界的国，在天地的家。有了强的国，才有富的家。”

在今年的疫情中，更能深刻体会家国一体。当武汉有难，一批批医护人员离开自己的小家，援助武汉的大家。武汉为了更大的家（中国）安全，主动封城。当医院医疗物资告急时，海外华人包机或买飞机票把医疗资源运回来。当国外疫情暴发蔓延时，在英国的小留学生无处可去而家长请求包机接回时，外交部回应增加临时航班，后来陆续接回祖国的接班人。国家的信用也在关键时刻得到了验证和提升。我们有理由相信，加持政府未来的信用会更有价值。

古代大富豪的发家之道，反映出一些普世的规律。《世说新语》有句古话：小富靠勤，中富靠智，大富靠德。首先他们大部分通过勤劳和智慧，完成了财富的原始积累。比如吕不韦穿梭各国时已是富豪，所以有财力投资异人；卜式勤奋饲养羊群，家庭富裕。胡雪岩做生丝生意和钱庄起家。其次，他们都有独特的商业眼光。比如，吕不韦见异人立马意识到“奇货可居”；子贡“臆则屡中”，即推测商品的行情变化非常准确；范蠡用战略眼光选择陶地“天下之中，诸侯四通”。再次，他们诚信经商，以德服人。子贡谨遵孔子的教诲，以信立人；范蠡薄利多销，多次疏散财富。邓通铸钱分量足，形状成色好，秒杀其他钱币；伍秉鉴以诚信赢得海外市场。最后，他们占据了垄断优势和风口。伍秉鉴到美国投资铁路、证券和保险业务，都是当时最新最热的市场；厂商巴清经营丹砂业，厂商邓通铸币，作为经销商的广州十三行都具垄断优势。垄断能带来价格和渠道上的优势。正如《诗经·小雅》提到的“溥天之下，莫非王土；率土之滨，莫非王臣”。巨大的资源和机会来自国家和政府。只有离资源更近，财富才会更近。

这个道理在今天也是一样的。首先得有一些小富的本金，否则巧妇难为无米之炊。其次能慧眼识珠，辨认出现阶段的财富机会。因为风水轮流转，财富板块会轮动。随着社会分工细化，购买理财产品是普遍的投资方式，人们希望能高抛低吸赚取差价，或者在负利率时代获得稳定的回报。再次大富贾的诚信精神和品质，对我们的启发是，行业里选产品，要选择诚信经营和有社会责任感的企业。正如，经济学家何晓宇教授的理财观点，“戴花要戴大红花，投资要听党的话”。即选择政府支持且头部企业的产品。最后作为普通百姓，虽然很难参与政府垄断关联的生意。但是随着金融市场的繁荣，人们可以关注和选择以政府信用为内容的产品等，而这也正成为新的风口。

古往今来，天下熙熙皆为利来，天下攘攘皆为利往。君子爱财，取之有道。读史使人明智，鉴以往而知未来。学习了中国文化下的创富道理后，一起来了解西方创富的途径，其中政信智慧熠熠发光。愿闻其详者，请搬小板凳吧。

第三章

西方崛起的政信智慧

伟大的思想能变成巨大的财富。

——塞内加

思想是行动的灵魂，行动是思想的肉体，二者兼具方能成就有血有肉的事业，对财富的追求亦是如此。随着地理大发现、技术革命和资本主义的确立，世界的制高点从孕育着人类起源的东方向西方转移。在相当长的一段时间内，以欧洲为代表的西方世界用强硬的姿态占领了全球制高点。面对大量的资本与复杂的国家关系，政信理念在此自然而然生根发芽。在政信思想的指引之下，很多财富传奇得以开花结果，为世人传唱至今。

第一节　西方政信思想之前世今生

一、西方政信之源起

欧洲是世界上最早开始工业革命并实现向资本主义蜕变的地区，其在积攒大量资本的同时，也孕育了很多人类近现代文明中的累累硕果。与中国的“农本思想”不同，欧洲有着深厚的重商主义传统，“工商业本位”思想在 15～17 世纪盛极一时。在那个生产力水平低下，农作基本就是靠天吃饭的时代，商业所获利润远远超过农业，因此富商巨贾“财富五车”并不稀奇。掌握了大量资本之后，便产生了两个最关键的问题：第一，如何保证财产安全；第二，如何实现最大化的资本增值。在最负盛名的经济学著作《国富论》中，亚当·斯密（见图 3-1）将国家财富体系分为国民收入和国家收入两部分，二者财富拥有总量决定着整个国家的效用水平，富国裕民不仅是每个国家的发展目标，也是经济学体系的研究目标。从这个意义上来说，国民和代表着国家的政府是一个财富命运共同体。除此之外，亚当·斯密在《道德情操论》中指出，熟人社会的交易行为是出于同情心，而这样的交易往往是低效的，规模上会受到限制，而陌生人社会的交易行为是出于逐利和自私心，这是高效的。每个理性人的合法逐利行为构成了经济体系中一只“看不见的手”并无形之中规范引导着所有市场行为有序进行。这些经济思想为当时欧洲发展奠定了一个自由的基调，孕育了代表着国家的统治阶级与社会私人资本之间自由结合的高效模式，由此实现“国与民同富”。

图 3-1 亚当·斯密

资料来源：图虫网。

文艺复兴之前，宗教是欧洲一股强大的统治势力，以罗马教会为中心，对整个欧洲地区的政治、经济和文化都有着极大的权力和影响力(见图 3-2)。教会的经济来源极广，包括占有大量领地、享有征收捐税的经济特权，接受来自各路教徒的捐赠以及财阀的资助，发行“赎罪券”及类似债务工具等。同时，皇室贵族作为最大的统治力量掌控着国家政治、税收、贸易、战争等事务，也拥有着极大的资本存量抑或是资金需求。最后，由于商品经济的繁荣，特别是新航路开辟后欧洲贸易进入极盛，民间商业资本也是一股不可小觑的力量。这样一个多方势均力敌，各有所长的时代背景，通过不同资本之间的相互合作与制衡造就了富可敌国的美第奇家族、罗斯柴尔德家族等财富神话。

源起意大利的美第奇家族以美第奇银行为事业中心，代理教会、贵族的财政事务，为政府提供融资服务，拿下国家矿藏开采权，代理国际大型会议，兴建大型艺术建筑，资助艺术家并被尊为“文艺复兴之父”，家族中更是培养了很多教皇、大公、王后等宗教和政治人物；被

图 3-2　米兰圣尤斯托吉奥教堂

资料来源：图虫网。

冠以“第六帝国”之称的德国罗斯柴尔德家族在货币兑换事业上完成最初的资本积累之后，成功打入王室内部，成为皇家御用供货商，家族从此在欧洲各国开立银行，帮助政府进行战争融资，抓住战时证券市场的机会使得资本极速膨胀，家族财富延续至今。这两个绝世大家族的崛起都有着相似的路径，即通过商业完成一定的资本积累，再与宗教、王室等名流建立坚实的业务联系，之后进军金融业并广泛开展与政府、国家之间的金融业务使得家族事业背靠国家公信力得以快速扩张，在家族具备相当的实力之后开始向产业方向发展，广泛分布于各个前景行业来夯实财富根基。从本质上来说，这样一种国家与私人事业以金融的方式来开展的合作就是政信金融的内核。可见，政信金融作为一种富国并利民的双赢范式，早在古老的欧洲就已经生根发芽。

二、近现代西方政信的发展

15 世纪末期，新航路的开辟、宗教改革和民族国家的崛起拉开了欧洲近代史的大幕，世界的重心也从古老的东方向这里转移。欧洲各帝国在资本主义初期阶段有着对资本积累的极度渴望，他们从最初的国际商业贸易逐步发展到大规模的殖民掠夺，而这一个过程中既需要政府的军事支持也需要成熟的商业贸易运作。由此很多背靠政府，一方面从事商业贸易，另一方面进行殖民地管理的公司应运而生。其中最著名的当属荷兰东印度公司（见图 3-3）。荷兰是最早崛起的海上贸易大国，16 世纪以股份公司形式成立的荷兰东印度公司担起了经营国家对外贸易的重任。作为世界上首个股份可以公开流通的公司，它一方面以政府公信力作为担保，另一方面聚集了大量的社会资本，同时又有相当大的对外贸易业务量，因此规模迅速扩大，在带来大量国家财富的同时，也为广大股民创造了丰厚的利润。

图 3-3　荷兰东印度公司轮船

资料来源：图虫网。

进入现代，世界格局趋于稳定，人类文明发展到了一个前所未有的高度，法治、公平、科学成为时代主旋律。这个时期的欧洲，以一种更加和平的姿态继续对政信金融领域进行不断的探究。政信的经典形式PPP（Public-Private Partnership，PPP）就在英国这样一个老牌资本主义强国中诞生了，并迅速在世界范围内掀起了一股政府与民间资本合作的 PPP 热潮。

1980 年，英国为了解决承包商与主管项目资金的公共部门之间矛盾和利益冲突，以改进政府公共部门采购和提供公共服务的效率，提出了公私合作双赢的公共项目推行模式。至此，最早的 PPP 模式便应运而生。简单来说，PPP 就是一种政府与社会资本共同提供公共产品与公共服务的合作方式，并可以实现政府与私人机构的双赢或多赢。PPP具体的合作形式多种多样，包括政府将基建工程外包给民营企业、政府给予民企公共项目的特许经营权、公共项目私有化等。这样的合作模式完全颠覆了传统的“公私分明”的社会运转思路，政府的参与保证了公共产品及服务的社会效应以及合规性，而社会资本的参与又解决了公共项目的效率及资金供给问题，大大提高了社会整体福利和市场效率。

到了现代，世界格局呈现多极化，各国之间可以更加平等地参与国际社会的建设，享受人类共同的文明成果。曾在近代受尽屈辱的东方大地重新崛起，被疯狂殖民掠夺的美洲更是诞生了美国这一超级大国，非洲地区也实现了独立并逐步向好发展。在各国积极开展国家建设的过程中，国际贸易往来频繁，国际资本流动充满活力，社会基础设施建设逐步完善。这些国家和政府层面的活动都同时带来了大量资金的运转，也就意味着国家事业对金融服务的大量需求。PPP 模式、政府债券、政府产业投资基金、主权财富基金等政信金融方式满足了这样的需求，更是在促进国家建设发展的同时，为社会资本和社会投资者提供了一个参与国家事业并分享政府事业投资收益的平台。

第二节　美第奇家族——宗教与政治缔造财富神话

一、古老的豪门望族——美第奇

15 世纪初期，哥伦布尚未发现新大陆，中世纪的欧洲仍然处于一个相对封闭的状态。此时欧洲各国封建主义盛行，资本主义萌芽尚未开始，以教会为代表的宗教势力和帝国君主同为主要的统治力量，一国的权力被割裂开来，不同势力一边相互牵制，一边相互帮扶。与中国古代天子独大不同，中世纪的欧洲各国统治势力大抵可以分为三方，即君主贵族、宗教、大财阀，而来自意大利的美第奇家族无疑是财阀势力的代表（见图 3-4）。

图 3-4　美第奇家族宫殿

资料来源：图虫网。

虽然当时世界尚未有资本主义这种意识形态，但美第奇家族仍然能够利用相对原始的生产环境来打造自己的资本帝国，更加增添了家族的传奇色彩。美第奇家族的传奇历史可以总结为发端于经营羊毛加工生意，借教会势力崛起于以美第奇银行为代表的金融事业，最终其势力范围扩大到政治界，并在艺术领域大有作为。

最先出现在人们视野中的美第奇家族成员是萨尔维斯特罗·德·美第奇，他在1378年的佛罗伦萨梳毛工起义中担任“正义旗手”。家族真正意义上的崛起始于美第奇银行的创立。1397年，乔丹尼带领美第奇家族进入银行业，当时的银行业还是最原始的状态，主要经营货币兑换和保管、贷款等业务。乔丹尼的儿子卡西莫接力父亲的银行事业，并将其进一步发扬光大，使得美第奇家族的财富达到了顶峰。此后卡西莫的继承人，他的孙子洛伦佐以家族财富为基础，大力拓展美第奇家族的政治势力。此后家族延续了近三百年的辉煌历史，除了坐拥大量财富之外，还成功跻身贵族名流，家族曾产生了四位教宗、多名佛罗伦萨统治者及托斯卡纳大公、两位法兰西王后和其他一些欧洲王室成员。在政治领域之外，美第奇家族也为世界艺术史添上了浓墨重彩的一笔。很多欧洲中世纪的著名艺术家都受过他们的赞助，很多著名教堂等艺术建筑也是由他们出资建造的，可以说美第奇家族是欧洲“文艺复兴”背后的推手（见图3-5）。

二、政治时代与资本帝国

始于商业，发于金融，涉足政坛，终于艺术。美第奇家族如此耀眼的成就绝非仅仅依靠一己之力就能达成，巨大财富体量运转离不开权力的支持。美第奇银行于1397年在佛罗伦萨成立。在此之前，佛罗伦萨的金融市场基本由巴尔迪、佩鲁齐和阿恰伊沃利三大银行巨头控制，其他小银行很难发展。14世纪40年代，黑死病席卷欧洲大陆，带来政治

图 3-5 美第奇教堂

资料来源：图虫网。

动荡，此番重新洗牌使得老牌金融巨头实力大减，美第奇银行等逐渐成为新起之秀。

美第奇银行的经营秘诀在于其同教会的紧密联系。美第奇家族深谙权力背后所蕴含的巨大财富效应，从银行创始人乔丹尼开始，就一直资助一些有潜力的红衣主教参加教皇大选。果然功夫不负有心人，家族所赞助的红衣主教成功当选教皇（见图 3-6），美第奇银行也顺理成章地成为教会指定的代理行，由此带来了大量与教会以及王公贵族的生意。到 15 世纪中期，美第奇家族银行已具备相当的规模，除了意大利佛罗伦萨的总行之外，还分别在比萨、罗马、威尼斯、米兰拥有四家分行，同时在海外的阿维尼翁、伦敦、布鲁日、日内瓦也拥有四家分行，但由于罗马是教皇所在地，故罗马分行一直是美第奇银行的主要利润来源。

美第奇家族的鼎盛得益于卡西莫的悉心经营。从小受过良好教育的卡西莫精通多国语言，表面谦逊而低调的他却怀揣着一颗比父亲更加宏大的野心。当时已经颇具规模的财富使得美第奇家族招致很多排挤和构

图 3-6　教皇加冕

资料来源：图虫网。

陷，卡西莫为此不得不在婚后先是跟随教皇游历两年，之后又到罗马管理家族银行分行避风头达三年之久。当他最终回到佛罗伦萨后，还是难免遭到陷害，被再度流放。一年之后，由于对手势力衰弱，卡西莫得以在家族以及教皇支持下重回家乡。经历此番波折的卡西莫更加深刻地意识到低调行事以及掌握实权的重要性，于是他利用财富网罗了大批忠实拥护家族的利益相关者，在暗地里成为整个城邦实际的掌控者。当时天主教和东正教的总理事会本来在意大利的小镇费拉拉举行，但由于天气寒冷并且接待能力有限，卡西莫看到了机会并一举将会议举办权争取到了美第奇家族的大本营——佛罗伦萨。大型国际会议为整个城市带来了巨大的经济贸易利益，同时也为美第奇银行赢得了更多与东罗马帝国统治者阶层的接触机会。

美第奇家族从乔丹尼开始就一直资助红衣主教，并以此培养了教皇约翰十三世，建立了与教会的稳固关系。到了卡西莫，他采用同样的做法，资助波洛尼亚主教并将其一手培养成为教皇尼古拉五世。尼古拉五世的朋友在1458年也成为教皇，即皮乌斯二世，他延续了和美第奇家族的友好关系，继续将教会财政事务交由他们代理。此后，教皇还把新发现的明矾矿藏开采销售权交由美第奇家族，为他们带来了相当丰厚的利润。

乔丹尼开启了美第奇家族的财富时代，卡西莫建立了美第奇家族的政治王朝，此后美第奇成为毋庸置疑的财富和权力代名词，在这两个关键要素的共同作用之下，家族被推上了历史神坛。

三、消逝的美第奇家族留下了什么

美第奇的神话一直延续了近300年，但由于后继无人，家族的血脉断绝了。美第奇家族的实体虽然不复存在，但他们留下了大量的珍贵艺术佳作、绝世建筑，其推动的欧洲“文艺复兴”更对整个欧洲文明的进步有着不可小觑的影响。

除了这些显于形的丰功伟绩之外，作为世界上最古老而显赫的名门之一，美第奇的成功背后也蕴含着宝贵的财富哲理。中世纪的欧洲来自皇室贵族、宗教、巨富的统治势力相互牵制、相互依存，亦敌亦友的关系维系了欧洲地区的长期稳定。能够培养出一个以财富为基础而晋升皇宗贵族，甚至左右国家政局的超级豪门。

那么到了现代，我们是否能复制美第奇家族的传奇呢？在欧美典型的资本主义国家中，仍然不乏大财阀一手资助产生的政党团体，美国现任总统特朗普由商人转战政治场就是最好的例子。但现代社会的运转比中世纪的欧洲更加讲求社会公平、法治和市场效率，再重演美第奇时代教会对家族持续的利益输送几乎不可能，现代社会要求一个更加自由公平的市场环境，政治与资本的勾结是对社会公平的一种极大破坏。但是，更深入了解美第奇的财富之道，有一点真理是至今适用的，那就是利用国家或者政府公信力作为信用背书和支撑的商业活动及资本运作具有天然的优越性。试想，如果美第奇银行没有先见性地资助主教培养教皇，没有与教会的紧密利益联系，作为一个年轻的银行机构，是很难在与众多老牌金融巨头和新生同质化银行同业机构的激烈竞争中站稳脚跟的，更加不可能赢得国际会议的举办权、教会矿藏的开采权。代理教会与国王贵族的财政事务、举办国际会议、建造大型艺术建筑、开采教会矿藏……这些美第奇家族所从事的行业恰恰是掌控着一国政治与经济命脉的关键行业，具有垄断性，是刚需，有着很大的利润空间和极强的风险控制能力。放眼现代，这些行业仍然存在，而且其外延随着社会文明的进步正以前所未有的生机在发展扩大，高速公路、高铁、5G 通信基础设施、国际会议、国际运动赛事等，这些由国家承担的社会事业正在如火如荼地进行着。而现在的我们是幸运的，生活在一个更加公平、自由的年代，我们不需要任何钩心斗角的权术运作就可以参与到这些事业中来，在为国家和社会事业贡献力量的同时也为自己赢得财富机会，获得这份机会的金钥匙就叫作“政信金融”。PPP 模式的政府与社会资本紧密融合，国债、政府债的上市流通，政府融资计划的参投……政信金融给了广大普通投资者无数种参与国家与社会事业的可能。

第三节　罗斯柴尔德家族基业长青的密码

一、神秘的“第六帝国”

诗人海涅曾说过：“金钱是我们时代的上帝，而罗斯柴尔德则是上帝的导师。”每一个领域都有一些标杆性的人物，如物理教父牛顿、爱因斯坦和霍金；士兵、军人们顶礼膜拜的拿破仑；音乐界的泰斗肖邦、贝多芬等。提到金融界的标杆，罗斯柴尔德家族绝对榜上有名。

在资本主义逐渐走向全盛的 19 世纪，欧洲无疑是世界上最先进和最强大的地区，当时的欧洲有“六大强国”，前五大国分别指大不列颠、普鲁士、奥匈帝国、法兰西、俄罗斯，第六大强国——罗斯柴尔德家族却显得格外突出。被称为“第六帝国”的罗斯柴尔德家族用其毋庸置疑的实力向世人展示了什么叫作富可敌国。在第二次世界大战之前的两个世纪里，这个家族是欧洲经济命脉的掌控势力。

从 16 世纪就定居于德国黑塞州最大城市法兰克福的罗斯柴尔德家族，在发迹之前和众多普通的犹太家庭一样，手握平淡无奇的营生方式，过着清贫的生活。而直到 18 世纪，一个叫梅耶·罗斯柴尔德（见图 3-7）的人用他的远见、智慧和雄心彻底改变了整个家族的命运。梅耶自幼就跟着父亲做一些硬币兑换的小生意，这让他对这种最初意义上的金融行当产生了极为浓厚的兴趣。12 岁时，梅耶的父母双双亡故，他便继承了父亲的货币兑换生意。

在经营过程中，梅耶发现当时许多王公贵族以收集各国制作精良的货币和徽章为乐趣和雅好。深谙权术的他受到了启发，于是开始有意识地收集珍稀钱币与徽章，然后再低价转售给王公贵族。通过这种投其所好的办法，梅耶与不少地位显赫的王公贵族结识了。而真正让梅耶走向鼎盛的关键性人物，是当时黑塞王国王储威廉王子。梅耶长期以低于其他供货商的价格将古玩钱币转给威廉王子。威廉继承黑塞王国国王并从汉诺郡迁往卡塞尔之后，梅耶为了不让距离打破他们彼此之间的联系，又通过结识黑塞王国财政部官员卡尔·布德鲁斯将古玩钱币、纪念徽章等玩意儿送到威廉国王手中，自此，梅耶与威廉国王的关系得到了进一步的固化与升级。经过几年的潜心经营，梅耶顺理成章成为了“皇室供货商”，这一名头极大地提高了他的商誉，对整个家族早期生意

图 3–7　家族创始人梅耶

资料来源：图虫网。

的发展起到了很大作用。后来，当威廉国王在拿破仑的追击下四处逃亡时，梅耶在自己的财产被法军疯狂掳掠的情况下，仍奋力保住了国王托付给自己的四箱记载放贷数据的宫廷账本和财产，并在战争结束后毫发无损地归还给国王。这一次经历充分证明了罗斯柴尔德家族的能力与忠诚，他们与皇室的关系也更进一步，梅耶获得了“皇室理财师”的封号。拿得御用的金字招牌之后，梅耶凭借响亮的名头以及威廉国王的信任生意越做越大，触角逐渐从货币兑换、古玩倒卖延伸到棉制品、烟酒等行业，并在不久之后正式进军以银行及证券为主要业务的金融领域。

如果说梅耶是真正意义上的家族创始人，那他的五个儿子便是带领家族走向壮大的最强生力军。人称“罗氏五虎”的初代家族成员包括老大阿姆斯洛、老二所罗门、老三内森、老四卡尔、老五詹姆斯，他们分别经营管理着罗斯柴尔德家族在法兰克福、奥地利维也纳、英国伦敦、意大利那不勒斯、法国巴黎的银行（见图 3-8），由此形成了世界上第一个跨国银行集团，同时也是当时世界上最大的银行体系，更为重要的是，在宗族关系的联系之下，五大银行机构紧密策应、互相支持，构成了外界所熟知的“罗斯柴尔德机制”。

图 3-8　罗斯柴尔德银行建造的瓦德斯登庄园

资料来源：图虫网。

为了警示五个儿子要相互帮扶，梅耶还将一只大手抓着五支箭的图案作为族徽，对应出自《旧约圣经》折箭训子的典故：单独的一支箭很脆弱，而很多支箭放在一起就很难被折断，寓示着团结是这个纪律严明的犹太家族最为看重的品质。

历经几世荣光的罗斯柴尔德家族的极盛时代一直延续到了第二次世界大战。二战对犹太人的迫害使得罗斯柴尔德家族元气大伤，但家族的历史仍然延续着。走过顶峰阶段的罗斯柴尔德家族至今仍然是全球顶尖的资本力量之一，历经世纪之久仍不倒，其成功背后的智慧不输任何一家世界名企甚至是一些年轻的国家。

二、解码家族财富秘籍

（一）生意人的“政治经”

梅耶能够带领家族走向财富殿堂，其中最关键的一个原因是用长期愿景规划当下策略，赢得威廉国王的信任。通过与政界、皇室贵族名流的良好关系，梅耶为自己的经商之路铸就了一枚永不褪色的金字招牌，自然在与其他生意人的竞争中脱颖而出。

在梅耶眼中，威廉国王就像是一个蕴藏丰富的宝藏，他也乐此不疲地进行着自己的掘金之旅。威廉国王的父亲弗雷德里克二世是英格兰国王乔治三世的女婿，同时丹麦国王弗雷德里克五世的千金又嫁给了威廉国王。如此庞大而紧密的名门贵族资源所带来的财富机会被他牢牢把握在手中。在拿破仑入侵英国时和拿破仑战争中，梅耶以中间人的身份先后促成了英方、丹麦王室以及奥地利政府向威廉国王的贷款，并从中赚取了丰厚的佣金收入。

梅耶之后，“罗氏五虎”也延续了这种与政为伍的经营智慧。就像他们的父亲一样，“罗氏五虎”也在各自主管的地区与当地政要建立了稳固的关系网。内森赢得了很多英国官员的认同、詹姆斯获得了法国部长们会议的参与权、所罗门与奥地利首相梅特涅公爵相交甚欢、卡尔结识了大多数意大利地方官、阿姆谢尔成为普鲁士的御用银行家以及巴伐利亚王室财富顾问。

即便是 200 多年以后，依然能够看到罗斯柴尔德家族穿行于各国政府与政要间的脚步。金融危机期间，罗斯柴尔德家族为英国政府提供资金以维护英国金融市场稳定。戈登·布朗在任英国首相期间，曾在出行海湾地区洽谈金融投资时点名让罗斯柴尔德家族贴身随同；曾任德国总理的施罗德出任过罗斯柴尔德集团的重要顾问。

罗斯柴尔德家族通过悉心拓展与经营家族在贵族政要阶层中的业务，将国家、政治、金融、经济放在一个系统里并维持其良好的运转，让这个家族的成功天生就具有极其牢固的支撑基础和无可比拟的优越性。

（二）战争之王

战争是一个以国家为单位的行为，除了最前线的刀光剑影之外，后方支撑同样是一个庞大的体系，从军备资源、医疗救援、战略情报到资金保障，可以说每一次战争对参战双方或者多方，乃至整个世界而言，都有辐射甚广的影响。可以毫不夸张地说，罗斯柴尔德的家族史就是一部全球近代战争史，他们是名副其实的“战争之王”。

1. 拿破仑的滑铁卢成就罗斯柴尔德的凯旋门

滑铁卢战役（见图 3-9）是拿破仑的霸业终点，却是罗斯柴尔德家族的全盛开端。1815 年的滑铁卢战役不只是拿破仑与威灵顿军事较量的生死决战，也是千万投资者的一场巨大赌博——英、法两国中的胜

图 3-9　滑铁卢战役

资料来源：图虫网。

利者将成为主宰欧洲的新力量。因此，这场战争胜方的公债必将猛涨，这也拉开了英、法证券市场上多空对决的一场豪赌，押对的人将一夜暴富，押错的人血本无归。

早在战役开始的一个月之前，罗氏五兄弟就提前在布鲁塞尔、巴黎、卢森堡等战略要点部署家族情报人员，收集战事一手情报。当战役已经进入尾声，前线的情报人员看到了拿破仑败局已定，便设法连夜将法军将战败的消息送达詹姆斯处。詹姆斯得到消息后，迅速将情报送往在加来港等候的内森。内森获取确切情报后立即指示代理人抛空手中持有的所有英国公债，其他投资人见状认定罗氏获得了英国战败的情报，整个交易大厅顿时陷入疯狂抛售英国公债的局面，其价格跳水式直线下跌，直逼崩盘点。就在市场一片混乱之中，内森秘密安排另一批代理人在底部悄悄接盘。几天之后，英国的报纸才刊登“滑铁卢大捷”的好消息，英国公债应声猛涨，而此时早已跟风看跌的众多投资者才发现自己入了罗氏精明绝顶的一个圈套，不过再想挽回为时已晚。手握大量英国公债的罗斯柴尔德家族不仅获得了大量的投资利得，还一跃成为英国公债的最大持有人，即英国最大的债权人，他们顺理成章地长期操控公债价格的生杀大权，并由此影响着整个英国的货币供应量，可以说成为了英国政府之外甚至是凌驾于政府之上的整个英国经济的隐形统治力量。

2. 铁血宰相背后的力量

担任德国首任宰相的近 20 年时间里，俾斯麦因其果敢、专政的统治风格被世人称为“铁血宰相”“德国的建筑师”“德国的领航员”等。其在位期间发动了普奥战争和普法战争并获得了胜利，自上而下地统一了德国，确立了德国在欧洲的霸权地位。

在俾斯麦主持的多项战争中，罗斯柴尔德家族为其提供了持续的财力援助，是俾斯麦执政过程中一股强大的支持力量。

俾斯麦上任宰相的第二年，普鲁士与丹麦发生领土争端，普鲁士国内民族主义情绪高涨。俾斯麦欲借战争打击国内自由派的反对力量，巩固自己的权力。而强有力的财力保障才是战争取得胜利的关键，俾斯麦为此向罗斯柴尔德家族代理人格森・布雷施劳德求助。在布雷施劳德的撮合下，罗斯柴尔德家族同意收购普鲁士政府控制的萨尔地区煤矿。此后随着战事吃紧，俾斯麦再度向罗斯柴尔德进行高利息的新一轮战争融资。不到两年，普鲁士在战争中取得了胜利，此次战争融资中最大的债权人罗斯柴尔德家族获得的巨额利润可想而知。

此后的普法战争中，奥地利的罗斯柴尔德家族势力主动提出帮普鲁士代收法国未来的战争赔款。最后凡尔赛合约规定法国将在八年内还清数额达 50 亿法郎的战争赔款。而最终法国实际仅用了三年就将赔款还清。这一笔理赔对罗斯柴尔德家族来说，无疑是一笔大生意，并且使法国罗斯柴尔德银行成为新政府下财政的实际主导力量。

在那个世界局势最为动荡的年代当中，罗斯柴尔德家族审时度势，精明地利用战争——这个特殊的政治事件来挖掘财富机会。直到今天，罗斯柴尔德家族的力量仍然隐身于世界顶级投行、银行等金融大鳄背后。远离硝烟弥漫的武力战场，罗斯柴尔德家族在财富战场上以更加神秘莫测的姿态继续延续着“战争之王”的传奇。

三、政信视角解密家族财富之道

综观罗斯柴尔德家族从梅耶开始，历经罗氏五虎，最终开枝散叶、发展壮大并且根基牢固，其中有很多对大众而言也具有极大价值的生财之道。其中有两点最为显要，即信息和对市场机会的把握。

金融界有一个著名的有效市场理论，即将证券市场的信息分为历史信息、公开信息和内幕消息三种。证券价格只反映历史信息的市场是弱有效市场，此时基本面分析可以帮助投资者赚得超额收益；若证券将历史信息和公开信息完全反映出来，那就是半有效市场，此时基本面分析失效，只有内幕消息可以帮投资者赚得超额收益；最后如果证券价格将历史消息、公开信息和内幕消息都悉数反映出来，那该市场就是强有效市场，此时市场中无人可以通过任何方式来获取超额收益。曾经那个战乱频起的欧洲，很难说证券市场是否完善，但是至少从信息方面看，绝对不是有效市场，因为罗斯柴尔德家族通过提前打通消息渠道的方式，在滑铁卢战役、七月革命等战事中赚足了超额收益。除此之外，通过与政府间的密切关系，整个家族一直以来对于政府政策动向等足以影响整个国家金融市场走势的信息是具有绝对的先发优势的。

如今世界的发展早已步入一个更加先进和文明的摩登时代，在相对成熟的金融体制内，靠着搜集市场所拥有的信息之外的信息来赚取超额收益，对于普通投资者来说是几乎不可能实现的，但是信息即财富的铁律并没有被打破。2008 年，由美国次贷危机开始而最终席卷全球的金融危机中，太多人就是栽在了跟着市场走而没有主动挖掘市场之外的信息。而此次危机中有人反其道而行之，通过做空赚得数十亿美元的收入。他就是著名的做空达人——“第一对冲基金经理”约翰·保尔森。从小成绩优异的保尔森对于数字异常敏感，在次贷危机爆发之前，整个美国房地产市场一片火热，全民狂热投身房地产。金融机构通过无限降低贷款条件并且将资产证券化打包多层嵌套融资，向市场释放了无限的杠杆并且一手吹大了房地产泡沫。在这种近乎疯狂的市场状态下，保尔森感觉到了异样。于是他大量搜集市场数据，进行严密的统计分析，最终看到了这一场狂欢下的危机，并果断开始通过信用违约互换合约来与市场对赌。大家对这一与整个市场唱反调的行为不以为然。但 2007 年开始，泡沫逐渐破裂，保尔森所管理的对冲基金马上吸引了 60 亿美元入资，此后市场一路下跌直到 2008 年危机全面爆发。不到两年时间，保尔森靠着自己对市场的敏锐把控以及挖掘市场深度信息的能力，不仅躲过了危机，其管理的对冲基金更是获得了 200 亿美元的收益，个人也入账 60 亿美元。

可见金融市场之中，信息就是第一生产力。而对于普通投资者而言，从现实性和可行性角度来考虑，增强自身金融投资素养，学会识别市场信息可信度，并且通过发达的信息手段及敏锐的金融嗅觉，从公开信息中主动挖掘尚未被公众提炼出来的有效信息，是在瞬息万变的资本市场立于不败之地的秘诀。

除了对于一手信息的把握之外，罗斯柴尔德家族在金融市场上所向披靡的另一个制胜法宝就是对市场机会的重视。罗氏家族的权力并不像皇室贵族那般与生俱来，而是靠着家族创始人梅耶看到了欧洲贵族掌握巨大财富量的背后所蕴含的巨大市场机会为契机，以多年来的苦心经营赢得皇家御用理财顾问身份为开端。在有了一定资本之后，经“罗氏五虎”在欧洲各国政府和贵族名流圈层中进一步开扩业务和巩固市场而发展起来的。在罗斯柴尔德家族的发展历程中，从以经营稀奇玩意儿博得贵族名流欢心，到拥有大量财富足以影响国家货币财政体系，摇身一变成为统治阶级的座上宾。每一次精心准备的财富战役都是以政治权力作为基础，为经济利益铺好坦途。而反过来，雄厚的经济实力又进一步提高了家族在各国政府间的话语权，为其下一步的财富积累埋下了伏笔。

罗斯柴尔德家族这种“与政为伍”的财富智慧，从某种意义上来说就是如今政信金融的雏形。投资者通过与政府的合作形成天然的利益共同体，在最后资金的管理、流向、回收等各个环节都被政府这一强有力的组织附上了信用背书，并且在政策扶持方面也具有很大的优势。如今的国际形势自然不会再像从前那样战乱频频，和平的环境对于我们广大普通投资者而言就是最大的利好。虽然几乎不可能再复制罗斯柴尔德家族通过战争、权贵关系获得对一国经济金融的垄断权这样的传奇，但是其结合国运与政府政策动向来寻找财富机会的方法，在今天仍然适用。而且今天的我们更加幸运，因为身处一个自由平等的时代，我们每一位投资者并不需要煞费苦心地讨好权贵才能获得政治金融场的门票，而是通过完善的现代金融体制，就能获得真正平等的参与权。手握资金、找到可信专业的政信平台，运用科学合理的投资方式，每一位投资者都有机会参与政信金融项目。而如何看待和把握这样的机会，怎样利用这样的机会为自己的财富添砖加瓦，这又是每一位投资者所面临的新问题。

第四节　荷兰与荷兰东印度公司——国家助力打造商业帝国

一、"海上马车夫"的崛起

随着16世纪欧洲资本主义发展逐渐成熟，世界霸权毫无悬念地由东方易主欧洲大陆。早在英国之前，荷兰曾稳坐了长达近两个世纪的世界霸主宝座。

与如今的经济发展规律不同，当时世界生产能力有限，产能基本取决于土壤、水源、气候等自然条件，欧洲各国显然难以靠真实的生产活动来完成资本主义的原始积累，因此贸易成为列强们一决高下的主战场。荷兰凭借远远领先于各国的船舶制造业和先进的金融贸易营商环境，成为这场贸易大战中的胜者，被尊为世界"海上霸主"，更被恩格斯誉为"17世纪标准的资本主义国家"。

抛开围绕着荷兰的一众响亮头衔，其实这个缔造了世界海上传奇的国家面积不足5万平方千米，人口不到200万。在17世纪之前，荷兰只是西班牙属地尼德兰的一个省，经过武装起义反对西班牙统治之后，尼德兰北方七省成立"联省共和国"，其中以荷兰省最大，所以又称荷兰共和国。至此荷兰正式作为独立的政治力量登上历史舞台。总结其能在短短数十年的时间里快速掌控世界海上霸权的原因，最重要的就是两点：船舶制造和金融贸易，前者为其提供了走向世界的双腿，后者为其铸就了与各国比拼中的攻防利剑。

造船业是当时荷兰最发达的工业部门，其船舶的建造技术、产量及质量都遥遥领先于其他国家。也正因如此，荷兰人早早就开始游刃有余地航行于欧洲到中国、印度、印度尼西亚等东方国度的航线之中。除了硬件设施过硬之外，精明的荷兰人还奉行精明的经商准则，以绝对保障所运货物的安全到达，并且全国奉行低关税、自由开放的贸易政策。这一切都为其进行大规模航运贸易往来创造了最基本也是最重要的条件，荷兰也由此获得“海上马车夫”的称号。

在大规模的贸易活动之后，荷兰经济飞速发展，资本大量积累，这也进一步促进了其金融制度的发展。这一时期的荷兰，成立了世界上第一家现代意义上的银行——阿姆斯特丹银行、第一个股票交易所——阿姆斯特丹证券交易所、第一家联合股份公司——荷兰东印度公司并发行了第一只股票。金融环境的发展与成熟为其接下来进一步的贸易活动和资本扩张提供了基本的经济和制度环境。

荷兰凭借先进的造船业，开始专注于转口贸易，当时欧洲南方和北方国家之间的贸易、欧洲与东方之间的贸易几乎全部掌握在荷兰人的手中。随后资本主义扩张热潮掀起，拥有悠久农耕文明、优厚自然条件的东方自然成为包括荷兰在内的众多列强掠夺的对象，其侵略势力由东亚、东南亚一度延伸到非洲、美洲。荷兰依靠殖民势力从东方获取廉价香料、茶叶、丝绸，再高价贩卖到欧洲，从中掘金无数。

虽然 17 世纪的荷兰大行殖民掠夺之风，这与如今的观念和认知是相悖的，但是放到当时的时代背景和环境之下去看待荷兰，其从一个欧洲小国快速成长为资本主义强国并稳坐海上霸主之位长达近两个世纪，这背后的“荷兰智慧”是值得我们学习的。

二、亦“政”亦“商”——与国共进的荷兰东印度公司

荷兰从一个欧洲小国，用了几十年时间就跻身资本主义强国之列，在其把持海上霸权近两个世纪的时间里，被誉为“海上马车夫手中的缰绳”的荷兰东印度公司一直发挥着重要的作用。

1602 年，荷兰以东印度贸易为重点业务的 14 家公司进行了合并，成立了荷兰东印度公司。公司创造性地以发行股票的形式筹集资本，将民间闲散资金聚集起来，除了可以获取红利外，持股人还可以通过到证券交易所进行股票二级市场买卖来获取资本利得。这种当时在世界上属首创的企业组织形式使得荷兰东印度公司拥有同时期其他公司不曾有过的庞大资本体量作为运营支撑，也使得其从小型不稳定的合伙公司转变为大规模近代商业股份公司。其经营代际性减弱、连续性增强，有利于进一步开展大规模跨境贸易。如果说有力的资本支持给予了荷兰东印度公司远航的动力，那政府则是其前行路上的开路人。作为一家独揽全国对东印度乃至世界各处殖民地区贸易活动的公司，荷兰东印度已不再是简单的纯商业性质组织，而是一个政治与商业结合的产物。凭借政府给予的特许状，公司发展成为拥有极大自主性的政治、经济实体。成立之初，公司就被国会授予从好望角以东至麦哲伦海峡之间地区的贸易专利权，享有代表国家宣战、讲和、签订条约、建立武装等特权。而作为回报，荷兰东印度公司向政府缴纳巨额税款并资助国家战争。除了在国内具有先天优势外，还通过武装掠夺、商业竞争等手段，在东方国家排挤西班牙、葡萄牙等其他欧洲国家的对手贸易公司，在东方市场上获得了垄断地位。最终在买卖双方市场绝对优势地位的保障下，荷兰东印度公司完全垄断了从东方“香料群岛”出口欧洲的香料贸易市场。17 世纪中期为了抬高香料市场价格，公司毁掉了部分生产过剩的香料，造成了欧洲市场紧俏，足以见得其对整个香料贸易的操纵力和垄断性。同时，

荷兰东印度公司还最早开始了茶叶和咖啡贸易，在 17 世纪中期阿姆斯特丹就已经出现了批量交易，而整个欧洲各国直到 18 世纪才普遍开始从事茶和咖啡贸易。可以说荷兰东印度公司开辟和主宰的东方贸易和荷兰在世界各地的殖民活动形成一个整体，荷兰东印度公司以商业和政治的双重属性获利无数，更为其在荷兰的股民开创了财富源泉（见图 3-10）。

图 3-10 殖民遗迹荷兰红屋

资料来源：图虫网。

马克思认为，荷兰东印度公司的发展可以划分为前后两个时期，即作为商业机构从事海外贸易赚取利润的时期和作为殖民统治机构侵占殖民地进行赋税掠夺的时期。第一个时期公司的主要活动是谋求商业垄断权，对海外领土的侵占只是服从于商业的需要。之后英国逐步完成资本主义革命成为新兴强国，大大打击了荷兰的霸主地位，东印度公司商业急剧走向衰落。面临新的形势，公司进入了第二个时期，通过政治统治强征赋税来掠夺殖民地人民，以继续和扩大资本原始积累，殖民战争成为其主要活动。总的来说，这两个阶段的实质都是政府支持下的商业资本的垄断，这样的划分也印证了其从建立之初就有着国家政治属性并越发明显的事实。

将荷兰东印度公司与荷兰的发展放到一起来看，不难发现二者虽然处于两个不同的层级属性，但是它们的发展脉络是相辅相成的，荷兰东印度公司的业务扩展需要荷兰政府以国家公信力和国家政策特许进行保驾护航；荷兰的贸易活动和殖民扩展需要荷兰东印度公司来进行商业化的高效率运作，荷兰东印度公司是当之无愧“海上马车夫手中的缰绳”。

三、政治+商业+资本=财富神话

马车夫需要缰绳来驾驭马匹才能走得更快更稳，缰绳离开了车夫就是一根毫无意义的绳索，二者相辅相成完成了踏过万里路的伟业。这就是荷兰作为曾经如日中天的“海上马车夫和他手中的缰绳”——荷兰东印度公司之间“亦商亦政”的故事。

为商和为政表面上看起来是两个相互独立的体系，但实际上二者的有序结合将焕发巨大的生命力。经济发展决定上层建筑，上层建筑反作用于经济发展，即是这个道理最根源的表达，将其具体化，则表现为政策与经营活动之间的双赢合作模式。如今的中国依靠人口红利、改革红利成功跃居世界第二大经济体，但是随着高增长时代的结束，国家的经济发展必然转变思路，相应地就体现在政策导向的转变上。原来依靠制造业、房地产业的时代宣告结束，未来将是一个高新技术驱动、成熟金融体系助力的发展新时代，政策将引导金融市场和社会资本向实体经济倾斜，提高资本这一关键要素的真实生产力。在这样的背景下，政信金融这一直接将政府与社会资本结合起来的新型金融形式将因其有政府信用背书并且高度契合政策意图的天然优势，在一众金融细分领域中脱颖而出。

历史车轮不断向前，如今的世界早已不再是一个靠简单的武力制衡和贸易垄断来维持运作的体系了。荷兰东印度公司这样一个辐射全球的暴利贸易公司也不可能再出现，但是它留下的一个非常宝贵、在今天仍具有很大意义的启示，那就是背靠政府和国家利益的商业和资本具有天然的优势和无可比拟的发展前景，这在本质上和政信金融不谋而合。

第五节　淡马锡模式
——主权财富基金打造超强“造富力”

一、主权财富基金——国家的财富金矿

金融是什么？它是资金的融通；是资本的保值增值；是小到个人和企业，大到社会和国家的重要财富源泉。从微观跨越到宏观，从国家层面来看，金融是综合国力的核心要素之一。在全球化的世界中，国际竞争的一大重点便是占据金融制高点。主权财富基金无疑是一国金融体系中举足轻重的部分。

何为主权财富基金？一国用以管理国家税收、外汇等收入及财富的，并且独立于传统财政部门和货币当局的专门基金，即是主权财富基金。主权财富基金的本质与私人基金相同，即通过科学有效地管理和运用基金资产，获得投资收益，实现基金资产的保值增值。但是作为一个专门为国家服务、政府是基金管理人、国家是基金投资人的基金，主权

财富基金天然具有管理资产庞大、投资安全性要求严格、信用级别高的属性。目前，世界上很多国家都通过这种方式管理来自国际贸易积累的外汇资产、政府税收收入、发行特别国债筹集的资金、自然资源出口收入等活动的资产，并且将其投资于国际股票市场、主权债务、房地产市场、股权投资领域等。相对比传统的国家储蓄，主权财富基金通过积极的投资策略和灵活化的资产运作，使基金具有很强的财富增值能力，成为保卫国家财富的一员猛将。

国际不乏资产规模动辄上千亿的超级主权财富基金，其中包括一些最耀眼的明星，如世界上第一个主权财富基金——科威特投资局，目前规模最大的主权财富基金——挪威政府养老基金，以及收益惊人的新加坡淡马锡（见表 3-1）。

表 3-1 世界部分主要主权财富基金

国家	主权财富基金	成立年份
科威特	科威特投资局	1953
新加坡	淡马锡公司	1974
阿联酋	阿布扎比投资局	1976
挪威	挪威政府养老基金	1990
中国香港	香港金融管理局投资组会	1993
俄罗斯	俄罗斯联邦稳定基金	2004
卡塔尔	卡塔尔投资局	2005
中国	中国投资有限责任公司	2007

（一）最古老的主权财富基金

作为世界上第一个主权财富基金，科威特投资局的成立可追溯至 1953 年，虽然名称带有“局”字，按照我们中国人的思维模式，会觉得这个机构自带政府属性，似乎与商业化运作的金融机构谈不上联系。但实际上，科威特投资局是政府所有的一个独立投资机构，其管理的资金来源包括石油收入、财政收入等。科威特投资管理局拥有一个独立和自治的董事会，由政府官员和私营部门代表组成。这样公私结合的领导班子在一定程度上保证了投资管理局的经营效率。科威特投资管理局成立以来曾大量通过石油、股票、债券等传统投资标的来配置资产。

科威特投资管理局的投资目的，与其作为石油输出国的身份密切相关，即通过分散化资产配置降低资产与石油收入的关联，实现财富代际储蓄和增值。在1990年的伊拉克战争中，科威特的石油生产受到了毁灭性打击，长时间没有石油收入。此时科威特投资管理局充分发挥了其在资产管理和财富储蓄方面的优越性，投入巨额资金以支持科威特的战后重建。

如今科威特投资管理局既是世界上最古老的也是规模较大的主权财富基金，活跃于世界各国投资市场，投资范围涉及传统股票、债券到私募等领域。就中国股票市场而言，截至2019年末，科威特投资管理局持有过森源电气、北大荒、时代新材、金证股份、海天味业、华帝股份、南京医药、湖南黄金、三维通信、人民网、铁龙物流等众多中国上市企业的股票，并且是安琪酵母和乐普医疗的前十大流通股东，其在中国股市持有市值达46966万元。

（二）最大的主权财富基金

截至2020年1月，全球最大的主权财富基金排行结果显示挪威主权财富基金夺得桂冠。

挪威全国面积只相当于中国一个省的水平，人口总数也仅相当一个普通省会城市的体量，但挪威人均GDP排名世界前列，享有“从摇篮到坟墓”的高福利水准。挪威曾经在欧洲实属穷国之列，其后来居上的发家原因在于石油。在发现石油之前，挪威社会所运转的高福利制度主要依靠高就业率、高税率和高赤字的“三高”模式，导致整个国家很难匀出多余的资金进行投资。1969年，挪威在北海发现了第一个油田，也是当时最大的海上油田。自此欧洲石油产业中，挪威作为一股强大势力加入了进来，至今挪威已成为北欧最大的产油国和全球第三大石油出口国。

随后几年里，依靠丰厚的石油收入，挪威积累了大笔的外汇储备，不仅大大缓解了整个国家为保证高福利而紧绷的财政状况，更为国家投资提供了资金来源。但石油作为不可再生能源，终有耗尽的一天，高度依赖石油产业的挪威必须要为这一可能的风险做足准备。于是，1990年挪威主权财富基金即政府石油基金正式建立。挪威将石油及天然气取得的收益通过主权财富基金投入外国股票及债券，以充当原油用尽时给未来世代的储备，且规定每年可提取不超过基金总额的4%用于财政开支，本质上就是一个全民储蓄。截至目前，该基金体量已突破万亿美元。2006年，饱受人口老龄化困扰的挪威政府，将政府石油基金改名为政府养老基金。

值得一提的是，挪威主权财富基金规定只投资于挪威政府认为符合有关道德标准的公司。这些道德标准包括：不能给在冲突局势或者战争中直接或间接助长杀害、酷刑行为，不能剥夺他人自由，不能侵犯人权等。这样的投资价值观很是亮眼，实际上也可以规避一些投资标的基本面上的潜在风险。路透社报道中称，2019年居住在挪威的530万人每人获得了近3.4万美元的投资回报，基金的规模相当于每个挪威人20.7万美元，是挪威GDP的3倍之多，其回报为挪威的国民福利提供了重要资金。

从石油发家，温和稳健的投资风格，坚守道德底线和撇开政治色彩的投资原则，这就是挪威政府养老基金简单而又充满智慧的成功秘诀。

二、小国书写大传奇——新加坡的淡马锡

美丽的新加坡素有花园城市的美誉，其发达的金融经济体系更在世界范围内享有很高的知名度。作为一个建国仅55年，人口不到千万的

东南亚城市岛国，素有“亚洲四小龙”之称的新加坡不仅稳居发达资本主义国家之列，更是拥有世界上最发达的金融体系之一，并在2018年成为继伦敦、纽约、中国香港之后的第四大国际金融中心。新加坡的成功，除了与其得天独厚的自然地理条件有关外，主要还是得益于其发达的金融和贸易事业。其中淡马锡便是其发达金融事业中的一颗璀璨明珠。

新加坡依靠旅游产业、金融业、贸易等积攒了大量的国有资产。其国有资产管理体系分为三大板块，分别是履行中央银行职责的新加坡金融管理局、管理国家外汇储备的新加坡政府投资公司和管理国有企业的淡马锡控股。金融管理局属于货币当局，其他两个本质上都属于主权财富基金。在这三个国资管理体系中，淡马锡以其灵活先进的运作模式、客观的回报率最为世人所称道。成立于1974年的淡马锡控股公司是一家财政部监管下以私人名义注册的资产管理公司，其创设宗旨在于拥有及管理新加坡政府在国内外的直接投资。如今淡马锡控股基本上把持了新加坡国民经济的最主要命脉，其直接或间接控股的企业广泛分布于通信、金融、航空、科技、地产等行业，不仅和新加坡大部分国民生活工作息息相关，也是整个新加坡近年来“国家公司化”过程中核心竞争力的组成部分。

淡马锡不仅在新加坡国内控股大量国有企业，还积极开展海外投资业务，并成为世界最著名的国有控股公司之一。穆迪和标准普尔在其公开第一份财务报告后，就给予其最高的AAA信贷评级。虽然创立初期的淡马锡只有3.5亿新元的投资资本，但2000年之后，淡马锡开始大踏步地走出国门，并在国际市场上施展出了一个又一个惊人的投资大手笔，其触角涉及金融、地产、光电、交通、电信、医药、石油、化学品制造等全球10多个行业和30多家公司，并且都战绩颇丰。经过一系列海外股权投资之后，淡马锡也从一家新加坡的本土公司发展成为一个具有影响力的跨国集团。

以飞快的发展速度和令人惊叹的回报率作为根基，新加坡也由淡马锡控股公司开始，渐渐演化产生了一整套“淡马锡模式”体系。所谓“淡马锡模式”并不是单指淡马锡一家企业，而是泛指所有采用淡马锡经营方式的企业。淡马锡模式的核心内容主要包括以下两个方面：首先在治理模式上，淡马锡控股由新加坡财政部出资设立并拥有其100%的所有权，但真正决策公司经营的是由各政府部门公务员及部分推选专业投资人员构成的特殊董事会，形成了一种层级递进的公司治理结构和有效的约束机制。其次是淡马锡控股以客户为导向并且敢于创新的经营理念，其发明的按贷款业务流程将各环节进行专业分工并由专员负责的“信贷工厂模式”大大加快了小额信贷业务的办理速度，加之自成体系的风险评估流程，使得其信贷业务在适度风险要求内最大限度地满足顾客对服务速度和服务质量的要求。在淡马锡之后成立的主要管理政府海外资产的新加坡政府投资公司和淡马锡控股一同构成了“淡马锡模式”体系中的核心企业。

虽然是国有企业，经营国家资本，但是“淡马锡模式”很好地平衡了政策性和营利性之间的关系，保持极高的管理效率，积极开拓国际市场并让利于民。这些优秀特质使得“淡马锡模式”能够打破国有企业的僵化、低效的刻板印象，并获得了世界公认的佳绩。

政策性和营利性之间的关系处理是所有政府事业都要面临的一个问题。作为国企的淡马锡控股有限公司，其主要目标是追求盈利，同时兼顾政府的产业政策。因此，公司在项目选择及决定资金投向等方面一般以能否盈利为标准。任何投资项目都要经过事先评估，若不能盈利则不予考虑。如果的确国家需要经营一些风险性较大的项目，公司也会在政府承诺给予相应补偿以确保项目不亏损的情况下接受该项目。

淡马锡的成功还和其极高的管理效率分不开。虽然管理着数百亿美元的市场资本，而淡马锡管理关联公司证券的代管部仅有数十名工作人员，每年的经营费用也只在3000万美元左右。在管理效率的背后是淡马锡公司优质的治理模式。拥有淡马锡100%所有权的新加坡财政部在公司内部起的作用很小，真正起到关键作用的是公司特殊的董事会构成。淡马锡自成立之日起即按市场化标准设立，不享有政府任何的特殊优惠政策，投资活动也不会被干预。政府通过董事会制度对淡马锡进行监控，但并不会直接管理公司的经营层面，而是通过管理董事来达到对淡马锡企业实体的全面监管效果。这种政企界限分明、市场化运营国有企业的模式，正是“淡马锡模式”成功的最关键所在。

“淡马锡模式”的精髓还体现在其让利于民的经营原则。世界范围内的国资改革往往是因为国企经营不善，而一旦经过私有化使其恢复盈利之后，政府往往就不愿退出，转而与民争利。淡马锡在投资新加坡国内企业时，常常率先进入私营企业尚不成熟的、战略性的或者风险比较高的行业，而一旦行业成熟到私营企业可以进入时，它就会及时退出。对非战略性的、不需要政府主导的行业，坚持见好就收，让利于民。

真正打响淡马锡在全球范围内名号的是它的国际化投资模式。1998年亚洲金融危机后，新加坡经济疲软，淡马锡投资收益水平长期不理想。这让淡马锡团队意识到资本的全球化流动和配置已经成为一种不可逆转的趋势，于是积极开启了在国际资本市场的布局，淡马锡也逐渐从一个区域投资公司成长为享誉全球的跨国金融企业。

作为一家“血统纯正”的国有企业，淡马锡能够打破国企僵化、低效的魔咒，从一个小体量投资公司发展到今天的世界顶级投资公司，甚至可以与欧美的老牌金融集团相媲美。放眼全球，能够像淡马锡那样出色的国有控股投资企业并不算多，而成功处理好与政府关系的国有公司更是凤毛麟角。这样优秀的成绩单使得“淡马锡模式”为世界各国主权财富基金运营乃至国资管理模式都建立了一个新的范式。

三、中国的国资管理体系

在经过两位数的高增长期后，中国成功跃居世界第二大经济体，加之多年来的持续贸易双顺差带来大量外汇储备资产，使得国家资产管理成为一个大体量、高难度的体系性事业。为此我国在 2007 年 9 月 29 日成立了中国投资有限责任公司（以下简称中投公司），并以此为核心形成了属于中国的主权财富基金体系。具体来看，中投公司下设中投国际有限责任公司（以下简称中投国际）、中投海外直接投资有限公司（以下简称中投海外）和中央汇金投资有限责任公司（以下简称中央汇金公司）三个子公司，分别负责中投公司包括公开市场证券投资在内的境外投资及管理业务、对外直接投资业务、国有金融企业股权投资业务。其中，中投国际和中投海外负责国资的海外投资事业，中央汇金公司旨在通过对国内重点金融企业的股权投资来保障政府对国家核心金融体系的领导能力，维持国家总体金融安全和金融稳定。

2006 年时任中国人民银行副行长的吴晓灵曾明确表示中央汇金公司与新加坡淡马锡的运作背景很相似，并且将借鉴淡马锡公司的经验，落实出资人责任，把中央汇金公司办成金融控股公司，对所投资的金融机构行使大股东权力。实际上，同为主权财富基金并且在国际投资市场上大放异彩的淡马锡控股不仅对中央汇金公司，而且对中投海外及中投国际的经营同样具有借鉴意义。具体可以从公司透明度、国际化投资管理策略两个方面来分析。

首先从公司透明度方面来看：早在十几年前，淡马锡享有豁免权，进行对外投资时不必像其他私人企业一样需要向外披露财务报告数据，因此公司的透明度较低。加之其本身就是主权财富基金性质，投资活动天然带有政治和经济双重属性，出于金融保护主义，很多国家都在一定程度上抵制淡马锡对本国的投资。在此困境中，淡马锡于 2004 年主动披露了第一份财务报告，并完善了相关的信息披露制度，不断走向透明化，这极大地增强了世界对淡马锡的信心，使淡马锡的海外投资业务更加流畅。为此，同为主权财富基金的中投公司在海外进行股权投资的过程中，必然也会面对种种金融保护主义的阻拦，为此适当增强公司透明度不失为一个好方法。

其次从国际化投资管理策略层面来看：淡马锡注重海外的战略性投资，而中投公司下设的中投海外和中投国际都是专门负责海外投资业务的，两者有一定的共性。淡马锡早期对外投资更多地集中在欧美发达国家市场，也因此从这些发达国家体系中学习到了很多先进的企业管理经验，切实增强了企业国际化的经营水平。淡马锡如今能够打破一般国企低效、刻板的怪圈，实现超高效的运营水平和成本管控，与其科学、先进的管理方法密切相关。中投公司也需要积极进行创新，以切实提高企业管理效率。

在中国的国资管理体系中，除了以中投公司为核心的主权财富基金之外，还有一个更元老的大将——国家开发投资集团（以下简称国投集团）。成立于 1995 年的国投集团属于中国第一批国有资本投资公司。国投集团与普通的资本投资企业相比，它除了投资获利之外，还具有更重要的意义，即在国民经济中发挥着投资导向、结构调整和资本经营的作用。其具体的投资领域包括以电力为主的能源产业，以路、港为主的交通运输基础设施行业，重点矿产资源产业、金融服务业等。通过政府主导进行特定的产业投资，国投集团形成了聚焦经济命脉与保障民生的明确定位，在国家基建项目、特殊产业扶持、扶贫脱贫事业中有着极大的贡献，形成了适合中国国情的国有资本投资企业模式。成立 25 年来，国投集团积极进行企业改革，不断优化公司治理和经营模式，常年来的利润额位居国有企业前列，这也进一步显示了主要分布于稀缺行业、命脉行业、基础行业的政府主导的产业投资背后蕴藏着丰厚的获利能力。

在中国国资管理体系中，还有一个重要的形式：政府产业投资基金体系。我国政府产业投资基金包括两大类，即政府自己出资管理的产业直投基金和政府与合伙人合作的政府引导基金（见图 3-11）。

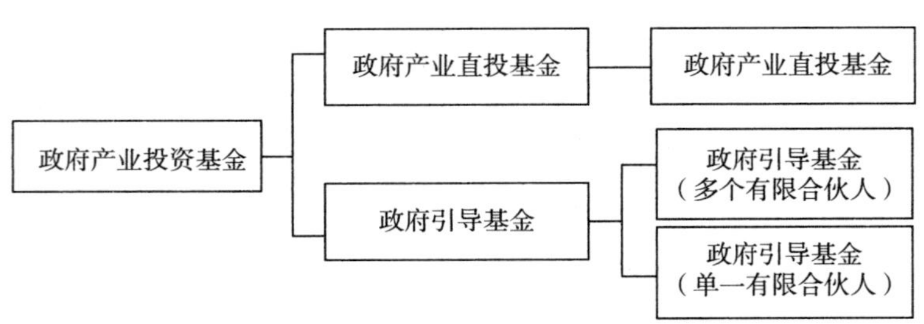

图 3-11　政府产业投资基金结构

资料来源：中国政信研究院。

政府产业投资基金是我国国资投资体系中微观而又重要的一部分。通过政府出资，吸引其他来自政府、社会资本参与，以股权或者债权形式投资于创业投资机构并以此支持创业企业发展。这种政府投资体系是在我国大众创业、万众创新的背景之下诞生的，以国家资本切实支持优秀创业企业的发展，对我国产业升级具有重要意义。同时，创投行业是一个高风险和高收益并存的行业，政府产业投资基金通过引入合伙人的方式来进行风险分担，既有效地平衡了风险与收益之间的关系，也开辟了一套有效的国资管理模式。

上述的中投公司（主权投资基金）、国投集团和政府产业投资基金都属于我国国资管理体系的一部分，它们各有侧重地在我国政府的海外投资、产业投资、创业投资等各个领域贡献着力量，也彰显着政府主导的投资行为所焕发的无限活力。广大的普通投资者也可以通过国有投资企业的企业债券、政府债券、政信金融平台等途径参与到这些政府投资行为中来，在助力国家建设事业的同时，获得一个全新的、安全且高效的投资渠道。

本章结语

欧洲作为世界上最早实现资本主义的地区，对原始资本积累有着极大的需求，由此也产生了关于如何保障资产安全和资本增值的问题。《国富论》《道德情操论》等经济学界的巨著为欧洲经济发展奠定了一个市场化的基调，并且孕育了国家或统治阶级与社会私人资本之间自由结合的高效模式，由此实现“国与民同富”。

意大利的美第奇家族用宗教和政治缔造财富；罗斯柴尔德家族借由战争契机和对一手信息的绝对优势造就“战争之王”的传奇。两家的崛起有着相似的路径，通过商业完成一定的资本积累，再与宗教、王室等名流建立坚实的业务联系，之后进军金融业并广泛开展与政府、国家之间的金融业务，使家族事业背靠国家公信力得以快速扩张。在家族具备相当的实力之后开始向产业方向发展，广泛分布于各个前景行业来夯实财富根基。

荷兰凭借优于各国的船舶制造业和先进的金融贸易营商环境，成为世界“海上马车夫”。被誉为“海上马车夫手中的缰绳”的荷兰东印度公司，作为政治与商业结合的产物，早期从事海外贸易赚取利润，后期作为殖民统治机构侵占殖民地进行赋税掠夺。

视线推移到现代，虽然名门贵族不再把持朝政，暴力殖民掠夺也已成过去时，民主、和平成为世界主流，但政治与资本、与金融的结合以全新的姿态继续延续着。主权财富基金，作为一种国家层面的资产管理工具就是最好的例子。科威特投资局、挪威的养老基金、新加坡的淡马锡等主权财富基金都通过积极的投资策略和灵活的资产运作，使基金具有很强的财富增值能力。中国也开辟了包括中国投资有限责任公司、国家开发投资集团和政府产业投资基金在内的国资管理体系，对维持国家金融安全和稳定，带动国家产业发展，实现国家财富效益最大化都具有重要作用。

对大众而言，信息和对市场机会的把握很重要。未来将是一个高新技术驱动、成熟金融体系助力的发展新时代，政策将引导金融市场和社会资本向实体经济倾斜，提高资本这一关键要素的真实生产力。在这样的背景下，政信金融这一直接将政府与社会资本结合起来的新型金融形式，将因其有政府信用背书并且高度契合政策意图的天然优势，在一众金融细分领域中脱颖而出。普通投资者也可以通过国有投资企业的企业债券、政府债券、政信金融平台等途径参与到这些政府投资行为中来，享受政信金融带来的巨大财富机会。

第四章

中国财富殿堂——政信指引大国崛起

有希望的成功者，并不是才干出众的人，而是那些善于利用每一时机去发掘开拓的人。

——苏格拉底

在现实生活中，人们每天都少不了为金钱奔波，与财富打交道，有的人看上去很容易就能发家致富，有的人辛苦打拼却很难有成效。须知只有顺应政策谋求发展，才更容易创造财富，也才更容易把企业做大做强。

中华人民共和国成立以来，尤其是改革开放以来，中国经济迅速崛起，下海经商、网络红利、地产改革、股权分置等造就了一批又一批个人及企业先富起来。仔细研究你会发现，这些个人及企业都有一个共同点，那就是及时掌握了国家政策的变化，把握住了国家政策变化带来的机遇，而这也正是政信投资的魅力。

政信类项目在我们的城市建设尤其是基础设施类的民生设施建设中，起到了积极的资金供给的基础性功能，经济价值和社会价值在历史中具有不可取代的位置。根据国家统计局统计，在推动中国经济 40 多年高速发展的“三驾马车”中，投资所占的比例达到 60%。总体来看，我国经济 80%的推动力都和政府信用有关。作为市场经济国家，政府的宏观调控对经济的发展有着决定性作用，社会主义市场经济的基础就在于政府信用，未来的投资也离不开政信。

第一节　大国崛起的根基

一、中国稳居世界经济增长贡献率第一位

中华人民共和国成立以来，中国经济总量增长超 170 倍，国内生产总值由 1949 年的 679 亿元增长到 2018 年的 900309 亿元，工业增加值由 120 亿元增长到 305160 亿元，常住人口城镇化率由 10. 64%增长到 59. 58%，人均可支配收入由 49. 7 元增长到 28228 元。经过 70 多年的发展，中国经济总量占世界经济的比重已接近 16%。按不变价计算，这比 1952 年增长了 174 倍，年均增长 8. 1%。

据世界银行数据测算，2012~2016 年主要国家和地区对世界经济增长贡献率，美国为 10%，欧盟为 8%，日本为 2%，中国达 34%，超过美国、欧盟、日本贡献之和。

2017 年，中国对世界经济增长的贡献率为 27. 8%，超过美国、日

本贡献率的总和，拉动世界经济增长 0.8 个百分点，是世界经济增长的第一引擎。

2018 年，中国经济总量超过 90 万亿元人民币，对世界经济增长的贡献率接近 30%。

2019 年，亚洲对全球经济增长的贡献率超过 2/3，其中中国对全球经济增长的贡献率达到 39%。

当前，中国经济不仅实现自身的跨越式发展，还成为全球经济增长的“主引擎”，自 2006 年以来，中国对世界经济增长的贡献率就稳居世界第一位。

二、大国崛起的政信力量

20 世纪中叶以来，政府职能不断拓展，政府需要在基础设施建设和民生领域投入大量资金，以维持经济增长和社会稳定。在此背景下，政府信用成为政府弥补资金缺口、解决经济和社会问题的重要手段。

1949~1976 年，依靠全民力量，中国形成了比较完整的工业体系和国民经济体系，国防科技以及民用科技实现了重大突破，为社会主义现代化建设提供了重要物质基础。

1978 年，十一届三中全会召开，开启了改革开放和社会主义现代化建设的新时期，从此“小康”战略成为我国经济发展的奋斗目标。这一阶段，我国通过国债、国库券等最初的政信产品来支持国内投资建设，实现了铁路、高速路、电力等基础设施的快速建设，大大方便了百姓的日常生活。

1992 年，党的十四大确立了社会主义市场经济体制改革目标，市场经济快速发展，为经济带来活力，百姓的生活发生翻天覆地的变化。分税制改革以后，地方政府利用土地红利、税收红利取得的公共收益，加快了城市的基础设施建设，更多的政信产品开始涌现，地方政府主要通过地方债、融资平台来融资建设，以满足地方经济发展和民生需求，同时也为投资人创造了不小的收益。

2008 年，政府推出大规模投资计划，更多政信产品随之出现，为我国经济发展提供了重要的力量。借助政府信用，市政债券、政府借贷、政府与社会资本合作（PPP）、政信信托等纷纷兴起，成为社会经济快速发展的强力推手。

政府投资依托的正是政府信用，利用政府信用背书形成政信产品，从市场上募集了大量的资金，投入到各地的经济建设中。政信产品在中国城市化建设的高速发展过程中起到了资金供给的基础性功能。在金融服务实体经济和大资管竞合新时代背景下，政信金融作为地方政府发展经济和服务民生的重要工具，在应对经济短期下行压力和金融投资市场转型方面具有重要作用和广阔的市场前景：第一，政府通过合理地开展政信金融活动，有效解决了提供公共服务过程中面临的资金短缺问题，为各级政府履职践约提供资金保障。第二，政信金融加速了中国工业化和城镇化步伐，在公共民生服务、战略新兴产业、“三农”、小微企业等金融服务的基础领域和薄弱环节，发挥了重要的基础性作用和支柱性作用。正是因为有政信金融的参与，中国才能在世界经济增长中一马当先，保持 40 年的高速增长。

第二节　大国崛起之路

一、中国制造业登顶世界之巅的摇旗手们

中华人民共和国成立以来，特别是改革开放以来，我国工业实现历

史性跨越。联合国产业分类目录将现代工业分为41个工业大类，191个中类，525个小类。中国是唯一一个具有全部41个工业大类，191个中类，525个小类工业部门的国家。

紧随中国之后的是美国，拥有94%的工业类目，并没有完整工业体系。世界银行数据显示，2010年我国制造业增加值首次超过美国，成为全球制造业第一大国。

2018年，我国制造业增加值占全世界份额28%以上，成为驱动全球工业增长的重要引擎。

制造业在评价国家创新能力中起着重要作用，每投入1美元将产生1.35美元的经济附加值。我国的制造业发展中，汽车是很重要的产业之一，1978年我国的汽车产量大概只有15万辆。到2018年，我国的汽车产量已经达到了2800万辆，高居世界第一。排名第二的美国只有1000多万辆。

在中国制造业发展过程中，涌现出许多优秀的企业和企业家，鲁冠球是其中之一。

鲁冠球1945年出生在浙江省萧山市宁围乡，小时候家里很穷，父亲在上海一家药厂工作，母亲带着他在农村生活。鲁冠球15岁辍学，到当地的铁匠社当了一个学徒。18岁的时候，由于铁匠社精简人员，鲁冠球被辞退，又回到了农村。

鲁冠球身上有股不服输的韧劲，回到农村后他发现乡亲们磨米磨面不方便，于是筹钱买了设备，办了一个无牌米面加工厂。由于当时禁止私人经营，加工厂又被关停了，鲁冠球欠了一屁股债，为了还债他把家里的老房子都卖了。“文化大革命”期间，停产闹革命，人们连铁锹、镰刀这样基本的生产农具都买不到了。鲁冠球瞅准时机，一连申请了15次，终于开办了一个铁匠铺，不仅生产农具，还做简单的修理工作，生意很快做得红红火火。

1969年，政府要求每个城镇都要有农机修理厂，鲁冠球带领6位农民接管了已经破败的宁围公社农机修配厂。在之后的 10 年时间里，鲁冠球带领着这个加工作坊，只要能赚钱，什么都肯尝试，先后生产了犁刀、铁耙、万向节、失蜡铸钢等五花八门的产品。

如果说之前的鲁冠球创业，是在夹缝中求生存，夹缝中求发展，那 1979 年，鲁冠球的事业真正驶向了“快车道”，这一年他 34 岁。鲁冠球从《人民日报》上看到了《国民经济要发展，交通运输是关键》这篇文章，鲁冠球判断中国将大力发展汽车事业，因此快速砍掉其他项目，调整公司战略，专攻汽车底部不起眼的零件——万向节，就是汽车传动轴和驱动轴的连接器。

1980 年，山东胶南县举行了一场全国汽车零部件订货会，鲁冠球到了会场才被告知不符合参会要求，被拒绝入场。来都来了，鲁冠球索性带着员工在会场外摆起了地摊。听说会场内国营厂家打起了价格“拉锯战”，鲁冠球当即决定以低于场内 20%的价格，销售自己的产品。这个消息传到会场内，很快厂家便涌出会场，鲁冠球的地摊前很快挤满了商定采购的厂家，这一次签下了 210 万元的订单，也打出了万向节的名气。

1984 年，万向开始首次走出国门，这也意味着这家小作坊终于走向了世界汽车工业的大舞台。当年的广交会上，拥有世界上最多万向节专利的美国舍勒公司与万向签订了 3 万套订单的出口协议，万向产品首次走出了国门。这一年，鲁冠球还收到了一份中央送来的大礼，中央下发了 4 号文件，第一次明确了乡镇企业的意义和地位，要求各级政府对乡镇企业与国营企业同等对待，一视同仁，给予必要的扶持。

产品做好了，接下来横亘在鲁冠球面前的就是企业的产权问题了。1988 年，鲁冠球以 1500 万元向镇政府买断了工厂股权；1994 年 1 月，万向钱潮上市，成为全国第一家上市的乡镇企业。之后，万向集团越做越大，先后收购了美国舍勒公司、美国洛克福特公司，一举成为世界汽车零部件巨头。之后，来万向集团参观访问、洽谈合作的客户络绎不绝。图 4-1 为鲁冠球参加“30 年激情创业活动”。

图 4-1　鲁冠球参加“30 年激情创业活动”

资料来源：中国新闻图片网。

鲁冠球的成功不仅是他个人的成功，更是农民转型与乡镇企业的成功，有力地带动了当地的就业。目前，“万向系”员工人数超过 4 万名，拥有遍布亚、美、欧、非的庞大非上市产业集群，在美国、德国、英国等 10 个国家拥有近 30 家公司，40 多家工厂，成为中国最有影响力的民营跨国公司之一。

乡镇企业的成功，代表着中国改革开放的企业崛起之路，是中国改革开放成功的缩影。鼓励私营企业，国企瘦身，让市场配置起决定性作用，激发了企业家的创业激情，也为我国经济发展带来了巨大的推动。万向踩中了国家发展的脉搏，顺应了不同阶段国家政策的变化，正是充分利用了不断变化中永恒不变的政信力量。当前，我国正处于经济转型期，将会有更多的优秀企业、优秀个人涌现出来，利用好政信的力量，充分参与国家建设，将成为未来发挥市场优势，增加高品质产品和服务供给，促进消费升级的重要方式。

在中国制造走向世界前端的同时，涌现出了非常多的优秀企业，其中三一重工在 2011 年首次入围全球 500 强，位列第 431 位，成为中国工程机械行业首家进入全球500强的企业。在挖掘机领域，2011年三一重工在中国市场超越日本小松成为行业第一；在混凝土机械领域，2009年在中国市场一举超过普茨迈斯特成为全球老大，并在2016年收购了普茨迈斯特90%的股权。查看2019年年报，三一重工的平均产值已经处于全球工程机械行业的领先水平。在中国经济处于上升周期的时候，三一重工销售迅猛增长，为股民兑现了大量的现金分红，并持续扩大了与全球竞争对手的领先优势。

2019年第二季度，联想凭借1577万台的销量成功拿下世界第一的宝座，市场份额高达25%。同时，联想的移动业务扭亏为盈，数据中心业务高速增长。在人工智能领域，联想在机器学习、人工智能客服技术、商用AR技术、大数据分析等技术领域都建立了良好的基础。

随着中国提出由制造业大国向制造业强国转变的百年目标，“中国制造”开始向“中国质造”与“中国智造”大步迈进。与此同时，更多企业也开始登上世界舞台，其中华为成为佼佼者。在5G通信领域，华为掌握着全球最多的5G专利技术，位居世界第一。在智能手机业务方面，华为2019年出货量超越苹果成为全球第二大智能手机厂商。

中国经济已由高速增长阶段转向高质量发展阶段，制造业是国民经济的主体，是推动经济高质量发展的关键和重点。未来中国在加快制造业高质量发展步伐中，政信将会起到关键的力量，成为政府融资建设的重要手段。当前新基建规模超过40万亿元，为中国制造的升级提供了坚实的基础。

另外，当前政府正在大力推动转变政府职能，简政放权，为市场主体公平竞争营造良好环境。同时力促管理型政府向服务型政府转变，在完善政府职能的同时，给予市场更大的支持。这是继改革开放后的又一次机遇，更多的企业和优秀的企业家将会凸显。

二、格力、海尔：打造白电传奇的背后力量

说到传统的中国制造，白色家电非常具有代表性，已经有很多家电产品获得了世界第一制造的称号。白色家电指可以替代人们家务劳动的电器产品，主要包括洗衣机、部分厨房电器和改善生活环境提高物质生活水平（如空调、电冰箱等）。早期这些家电大多是白色的外观，因此得名。

目前中国大陆是世界上最大的白色家电生产基地。约占全球白电产能的60%～70%，其中空调占全球产能的83.9%，冰箱和洗衣机占50%左右。根据日本经济新闻发布的“全球主要商品与服务市场份额调查”显示，在家用空调、洗衣机、冰箱的白色家电领域，中国企业的市场份额一直保持着优势。

中国白电有三个领跑者，分别是海尔、美的、格力。其中因为格力董明珠和小米雷军因为“10亿赌约”，在最近几年出尽风头。

2013年12月12日，在第十四届中国经济年度人物颁奖盛典上，雷军和董明珠燃起火花，打赌五年内小米营业额将超过格力。如果超过的话，雷军希望董明珠能赔偿自己一元钱，董明珠则回应，要赌就赌“10个亿”。

雷军笑而不语，媒体和网友却沸腾了。自从这“10亿赌约”定下之后，外界的目光都聚焦于格力和小米的业绩上。

到2018年，格力电器实现营业收入2000.24亿元，小米实现营业收入1749亿元。格力电器和董明珠完胜，雷军没有表态，董明珠给雷军搬来一个台阶，表示10亿元不要了。

董明珠敢赌“10个亿”，是因为有充足的底气。董明珠一直宣称，格力最大的竞争力就是掌握了核心技术，具有很强的研发创新能力，而且专利数量庞大。“好空调，格力造”，一句广告语让格力深入人心。

早在 2004 年，格力就开始自建销售渠道，如今在全国拥有近 2 万家专卖店，业务遍及世界 100 多个国家和地区。

不过董明珠还想跟雷军再联合打一次广告（再赌一次），雷军这次爽快了一些："我觉得可以试一下！"

根据格力电器 2019 年业绩快报，格力电器实现营业收入 2005.08 亿元。小米集团公布 2019 年全年业绩，全年总收入达到 2058 亿元，超出市场预期。

2019 年雷军"险胜"董明珠，2020 年受疫情影响，格力线下的门店几乎全部停业。董明珠表示"这是我加入格力 30 年来最难的一个季度"。格力电器一季度少了 300 亿元的销售，冲击很大。没有销售就没有收入，没有收入就没有利润。但 9 万名员工的工资还继续开支，3 个月工资就有 20 多亿元。在这种情况下，董明珠在抖音开始了直播带货，"董明珠的小店"正式入驻抖音。

当年的赌约代表了两种销售路线之争，即格力电器的线下渠道，小米科技的线上渠道。当时格力电器年营业收入为 1200 亿元，小米年营业收入为 500 亿元。如今格力也转战线上，并加强生产布局。

同时，董明珠发力生产。2020 年 3 月，总投资 150 亿元的格力电器高栏产业园项目正式签约动工。董明珠现场表示，有信心完成珠海市委市政府对格力电器提出的 5 年内实现 6000 亿元营业收入的目标。她说，格力电器高栏产业园将成为一个全国乃至于全世界最现代化的工业制造基地。董明珠称，在疫情面前，我们所遇到的困难是前所未有的，但困难对我们来说，恰恰是最好的挑战。格力 2019 年已成为世界 500 强，将依然保持世界 500 强的桂冠，让格力电器得到更大的成长。

在 2019 年，格力成都产业园项目开工，成为格力电器的首个洗衣机生产基地，总投资约 50 亿元。董明珠还有一个造车梦，曾经在 2017 年签下总计约 800 亿元 7 个新能源产业园项目。

格力的发展离不开产业园区的建设，而产业园区的建设离不开地方政府。地方通过政信金融的方式获取资金，建设产业园区，招揽格力等大企业入驻，为格力的发展带来巨大的支持。

海尔的发展也离不开产业园，1992 年，邓小平在南方视察并发表了重要谈话。海尔抓住机遇，在青岛东部高科技开发区征地 800 亩，建立海尔工业园，将产品线扩展到洗衣机、冷柜、空调等白色家电，开始了自己的传奇之路。

2000 年 2 月，海尔美国工厂建成投产后，年产能力为 50 万台，在美国冰箱企业中排名第六。后来海尔进入了欧、美、日三大市场，出口到世界 100 多个国家和地区。在全球范围内，海尔有工业园 15 个，海外工厂及制造基地 30 个，海外设计中心 8 个，营销网点 5.88 万个。

可以说像海尔这样的企业扩张和产业园区息息相关。地方建设产业园区，以基础设施建设的联动带动地方经济发展，并能使相关产业得以转移与整合，加强区域间产业的分工与协作，促进产业链不断拓展延伸，为海尔这样的企业提供了非常好的土壤。

白色家电的发展过程也是中国城镇化、产业园区不断发展的过程。如今产业园区的未来是“产城融合”。产城融合是新型城镇化和工业化发展过程中的新模式。产城融合是指产业和城市融合发展，以城市为基础，承载产业空间和发展产业经济，以产业为保障，驱动城市更新和完善服务配套设施，进一步提升土地价值，以达到产业、城市、人口之间互为依托，互动促进，高效优质的发展模式。

在产城融合模式中，产业的发展能够催生各类城市功能的需求，带动城市功能的提升，同时城市功能的完善将有效聚集产业发展所需的人才，推助产业的创新和升级。因此，产城融合的过程是政府、建设运营商、企业和居民的共同诉求。在这个过程里，每一方价值都实现了最大化。

运用 PPP 模式能有效解决地方政府在产城融合建设当中遇到的难题，提升项目落地速度和质量。引入社会资本能优化投资效率，增加城市内生动力，对推动新型城镇化迈上新台阶有极大助益。

三、基建狂魔：高铁、高速公路的中国速度

交通运输部发布《2019 年交通运输行业发展统计公报》显示，2019 年全国铁路营业里程 13.9 万千米，高铁营业里程达到 3.5 万千米；全国公路总里程 501.25 万千米，高速公路里程 14.96 万千米。

2018 年的高速公路总里程数，中国已经稳居世界第一。排名第二的美国高速公路也超过了 10 万千米。

俗话说“要想富，先修路”，只有铁路、公路等基础建设的完善，才能够带动地区的经济发展。而中国高速公路、铁路的发展，和中国长期领跑世界 GDP 增速是正相关的。

（一）基建明珠：中国的高铁速度

1. 我国的高铁发展

1990~1991 年，中国开始高铁技术攻关和试验实践规划。1991 年，《中长期科学技术发展纲要》提出设计“八五”和“九五”科技攻关课题，独立研发中国高速铁路关键技术，12 月 28 日，广深铁路启动准高速化改造，成为中国第一条准高速铁路工程。同时，原中国铁道部组织专家完成《京沪高速铁路线路方案构想报告》，首次正式提出兴建高速铁路，优先选择在京沪线京津段和沪宁段设计高速铁路。

我国的第一条高铁是秦沈客运专线，它从秦皇岛站到沈阳北站，于 1999 年 8 月开始建设，在 2003 年 10 月正式运营，全长 404 千米。秦沈线运行时速 200 千米，设计时速 250 千米，运用我们自主研制的“中华之星”电动车组。秦沈客运专线是中国铁路进入高速化的起点，为中国铁路的发展奠定了基础，也为后来的京沪高铁提供了大量的参考资料。

虽然秦沈客运专线是我国第一条高铁，但是从技术和速度上讲，京

津城际高铁更加能够代表我国的高铁形象，引领了我国高铁的发展方向。所以，一般认为从京津城际高铁开始，我国开始了高铁快速发展的10 年。

京津城际铁路是中国大陆第一条高标准、设计时速为 350 千米的高速铁路，也是《中长期铁路网规划》中的第一个开通运营的城际客运系统。京津城际高铁建造时间是 2005 年 6 月，在 2008 年 8 月正式运营（见图 4-2）。

图 4-2　京津城际铁路开通运营

资料来源：中国新闻图片网。

京津高铁连接北京和天津，全长 120 千米，是我国第一条采用先进的无砟轨道技术铺设轨道的高铁，运用世界最先进的长钢轨焊接工艺，无连接缝隙。

国务院在 2004 年《中长期铁路网规划》的基础上，于 2008 年发布《中长期铁路网规划（2008 年调整）》，将 2020 年全国铁路营业里程规划目标由 10 万千米调整到 12 万千米，将客运专线建设从 1.2 万千米调整到 1.6 万千米以上，确定了中国高铁发展以“四纵四横”为代表的快速客运网络，包括时速 200 千米的城际轨道交通和客货混跑快速铁路，形成快速便捷的铁路客运通道，即“四纵四横”规划。

四纵为京沪高速铁路、京港客运专线、京哈客运专线、杭福深客运专线（东南沿海客运专线）；四横为沪汉蓉快速客运通道、徐兰客运专线、沪昆高速铁路、青太客运专线。“四纵四横”高铁网不仅疏通了各大城市，更驱动了全国的经济脉搏，拉近城市之间的距离，让各地资源共享成为可能。

2009 年，制订了中国高铁“走出去”战略计划。2010 年，“高铁外交”的说法开始出现。随着中国高铁技术的突飞猛进，“高铁外交”被媒体广泛使用。国家领导人在不同场合，不遗余力地向国外大力推销中国高铁，以至于被称为“高铁超级推销员”。

随着“一带一路”倡议的不断深入，以及亚投行成立，基础设施的互联互通越来越受到重视，中国高铁出海成果显著，已经与数十个国家合作。拿下了印度尼西亚雅万高铁、中老铁路、泰国高铁等出口订单，让我国在世界铁路领域有了重要的发言权。

截至 2016 年底，中国高铁运营里程突破 2.2 万千米，超过世界其他国家高铁里程之和。

2016 年 7 月，国家发展和改革委员会、交通运输部、中国铁路总公司联合发布了《中长期铁路网规划》，勾画了新时期“八纵八横”高速铁路网的宏大蓝图。“八纵”通道包括沿海通道、京沪通道、京港（台）通道、京哈—京港澳通道、呼南通道、京昆通道、包（银）海通道、兰（西）广通道。“八横”通道包括绥满通道、京兰通道、青银通道、陆桥通道、沿江通道、沪昆通道、厦渝通道、广昆通道。

高铁以高速、大容量、集约型、通勤化的特征，在中等距离的出行上具备极强的竞争力。如今中国高铁经过十年多的快速发展，已成为人们日常出行的重要交通工具，为区域与城市发展带来新的模式与机遇。

高铁从无到有的 10 年也是中国城镇化快速发展的 10 年，不断刷新

“中国速度”，改变着中国城市、人口的串联和格局，为中国经济发展带来了新面貌。

中国已经掌握了高铁中最核心的精密技术，是世界上能独立研制高铁装备并提供成套技术和服务的少数几个国家之一。据世界银行报告：中国高铁建设成本约为其他国家的2/3，票价是其他国家的1/5~1/4。

2018年末，全国铁路营业总里程达到13.2万千米，较1949年增长5倍。其中，高铁营业总里程3万千米，是2008年的44.5倍，高铁营业里程超过世界高铁总里程的2/3，居世界第一位。

2008~2018年，经过近十年快速建设，“四纵四横”高铁网建成运营，我国成为世界上唯一高铁成网运行的国家。

如今，中国高铁已经成为一张名片，被全球所青睐。

2. 高铁背后的国家投资力量：政府投资

中国经济40年的高增长，投资是拉动中国经济成长的绝对主力，尤其是2008~2010年，我国形成了投资高峰拉动经济增长。投资对经济贡献率：2008年为53.2%，2009年更是高达86.5%，2010年为66.3%。2016年投资对经济增长贡献率为42.2%，2017年投资对经济增长贡献率为32.1%（见表4-1）。

表4-1 中国经济增长“三驾马车”贡献力度

年份	最终消费支出		资本形成总额		货物和服务净出口	
	贡献率（%）	拉动（%）	贡献率（%）	拉动（%）	贡献率（%）	拉动（%）
2007	45.3	6.4	44.1	6.3	10.6	1.5
2008	44.2	4.3	53.2	5.1	2.6	0.3
2009	56.1	5.3	86.5	8.1	-42.6	-4
2010	44.9	4.8	66.3	7.1	-11.2	-1.3
2011	61.9	5.9	46.2	4.4	-8.1	-0.8
2012	54.9	4.3	43.4	3.4	1.7	0.2
2013	47	3.6	55.3	4.3	-2.3	-0.1

续表

年份	最终消费支出		资本形成总额		货物和服务净出口	
	贡献率（%）	拉动（%）	贡献率（%）	拉动（%）	贡献率（%）	拉动（%）
2014	48.8	3.6	46.9	3.4	4.3	0.3
2015	59.7	4.1	41.6	2.9	-1.3	-0.1
2016	64.6	4.3	42.2	2.8	-6.8	-0.4
2017	58.8		32.1		9.1	
2018	76.2		32.4		-8.6	
2019	57.8		31.2		11.0	

资料来源：国家统计局。

高铁依赖于政府投资，依赖于基建。2016 年基础设施投资增长 17.4%，2017 年基础设施投资增长 19%。2014～2017 年这四年铁路建设投资进入 8000 亿元稳定期，其中 2014 年为 8088 亿元，2015 年为 8238 亿元，2016 年为 8015 亿元，2017 年为 8010 亿元。随着政府投资的增加，我国的高铁、高速路网络也越来越完善。

2018 年，基建投资增长降至 3.8%，导致固定投资增速整体走弱，经济增长下行压力巨大，全年 GDP 增速为 6.6%，而这一数据在 2019 年为 6.1%。在这种情况下，2018 年底的中央经济工作会议，2019 年初的全国两会，以及陆续出台的《国务院办公厅关于保持基础设施领域补短板力度的指导意见》《政府投资条例》等补“短板”政策，都将稳基建投资作为实现稳增长、扩内需的重要途径，全力推动基建投资增速稳步回升。2019 年 11 月底中央提前下达 2020 年新增专项债券额度 1 万亿元，河南、四川等地快速完成 2020 年首批专项债券发行工作。

2020 年春节，新型冠状病毒肆虐，电影撤档，聚会取消，假期延长，防控疫情成为压倒一切的首要任务。风声鹤唳之下，经济蒙上了一层阴影，拉低一季度 GDP 增速。在这种情况下，稳增长政策加大力度，地方政府纷纷推出巨大的投资计划，其中很大一部分资金将以专项债等各类方式从百姓当中获得。

政信支持地方建设，投资价值洼地，投资者享受高于同期经济发展速度的收益。

（二）基建狂魔：全球最长的高速公路是怎样炼成的

1. 高速公路的发展历史

1983 年，在北京召开的交通运输技术政策论证会、公路运输发展座谈会等一系列会议上，代表们就我国的高速公路建设问题进行了激烈的讨论。在这之前，中国内地没有高速公路，而公路交通的落后局面与国民经济迅速发展的矛盾越来越突出。

1984 年 5~12 月，《人民日报》《经济日报》相继发表文章，认为高速公路经济效益高，我国需要修建高速公路，并阐述了我国修建高速公路的具体条件，分析了哪几个路段应修建高速公路。

1984 年 12 月，中国首条高速公路——沪嘉（上海至嘉定）高速公路开工。

1988 年 10 月 31 日，沪嘉高速公路通车，并打开了我国高速公路快速发展的新局面。从这一天开始，我国高速公路建设经历了三个发展阶段：1988~1992 年为起步阶段，年均高速公路通车里程在 50~250 千米；1993~1997 年为我国高速公路发展高潮，发展速度相对较快，年通车里程保持在 450~1400 千米；1998 年以后为高速公路的大发展时期，在国家积极财政政策的推动下，高速公路发展迅速。

1999 年，中国高速公路里程突破 1 万千米，跃居世界第四；2000 年突破 1.6 万千米，跃居世界第三；2001 年突破 1.9 万千米，跃居世界第二；2004 年 8 月底突破 3 万千米，比世界第三的加拿大多出近 1 倍。2007 年突破 5.39 万千米，每年新建高速公路里程超过 4000 千米，是前 10 年的 10 倍多。中国用 20 年建造了 5.4 万千米的高速公路，如此高的发展速度，世所罕见。

2007 年 12 月，中国交通部宣布，“五纵七横”12 条国道主干线基本贯通。初步构筑了中国区域和省际间横连东西、纵贯南北、连接首都的国家公路骨架网络，形成了国家高速公路网的雏形。在此基础上，中国将再用 12 年时间打造国家高速公路网，把我国人口超过 20 万的城市全部用高速公路连接起来，覆盖 10 亿人口。

2008 年，“四万亿计划”推出，大量投向铁路、公路、电力等大型基础设施建设。我国迎来的大基建时代，高速公路行业得到了迅速发展。国家交通运输部统计数据显示，2018 年末，全国公路总里程达到 485 万千米，是 1949 年的 60 倍，高速公路总里程 14.3 万千米，已经稳居世界第一。

观察世界各国，只有中国依靠政府信用的力量，推动基础设施投资建设，才创造了高速路发展的奇迹。在政策的作用下，随着工业建设对道路运输需求的进一步加大，居民出行要求的提高，我国高速公路建设行业仍将保持快速发展态势。巨大的资金缺口以及 4 万亿元政府投资带来的一些弊端，让政府清楚认识到，需要发挥政信的作用，通过市场来融资，让广大百姓参与到中国的基础设施建设当中，才能继续维持中国的高速发展。政府和社会资本通力合作，才能共赢。

2. 云南曲胜高速公路：造福百姓的重要力量

2014 年国务院发布“43 号文”，提出剥离城投公司的政府融资职能，推广使用政府与社会资本合作即 PPP 模式，参与城市基础设施等有一定收益的公益性事业投资和运营。在堵住地方融资平台这条“暗道”的同时，又开了 PPP 这条“明渠”。

云南省发改委、省财政厅、省政府新闻办在 2016 年举行政府和社会资本合作 PPP 项目新闻发布会，向社会公开推介拟采用 PPP 模式进行建设的 335 个项目，总投资达 8968.91 亿元，涵盖能源、交通、水利、环境保护、农业、林业及重大市政工程等基础设施领域，给社会资本带来了前所未有的机遇。

在项目推介中，曲靖市沾益区受到了关注。沾益区是革命老区，为中华人民共和国的建立和云南的解放做出过重要贡献，但发展不足的现象比较突出。改革开放以来，云南省经济实力不断增强，具备了扶持老区发展的能力和基础，因此积极采取强化扶持的措施，推进沾益等革命老区实行跨越式发展。

根据云南省相关政策，沾益被定位为非扶贫开发重点县。云南省认为沾益经济社会发展基础较好，提出要充分调动社会力量参与开发建设，制定更加优惠的招商引资政策。

曲靖市沾益区是中国重要的烟草和药用花卉基地，被称为“云药之乡”，同时也是珠江发源地，拥有海峰湿地和五尺道等风景旅游区，农业资源和旅游资源丰富。但是受制于区域产业发展不均衡等问题，第三产业（服务业）有待进一步开发；关系民生工程的基础设施建设相对落后，无法满足人民群众日益增长的生活需求。

沾益区区长表示：“现在摆在我们沾益区政府面前的责任很重，我们必须要加快脱贫攻坚的步伐，积极进行城镇化建设。”

2017 年 7 月底，云南曲靖市沾益区省级、国家级提升人居环境示范工程——曲胜高速公路沾益下口至太平桥路段竣工。昔日“晴天灰尘满天飞，雨天污水溅满身”的场景消失，代之以畅通无阻的黄金要道，大大提升了城市形象和品质。

曲靖市委李书记、市政府董市长及沾益区委、区政府领导莅临示范工程现场，代表市政府观摩并验收该项 PPP 示范工程。参加观摩验收的领导指出，此次工程是政府采用 PPP 模式的胜利成果，是政府与社会资本进行精诚合作的胜利成果，将对沾益区的发展产生深远影响。

沾益区资源丰富，发展势头良好，像高速公路这样的基础设施建设的完善更加为经济发展夯实了基础，对于具有生态旅游资源和农业资源的沾益区来说，无疑是如虎添翼。

3. 高速路背后：政府投资，基建占大头

国民经济的“三驾马车”包括投资、消费、净出口（见图 4-3）。政府投资一马当先，是推动经济增长的重要力量。

图 4-3 中国经济“三驾马车”

资料来源：中国新闻图片网。

从投资的结构上看，工业投资、基建投资和房地产投资是三大领域。其中，在基建方面，尤其是交通基础设施方面实现了跨越式发展。基建投资是稳增长的重要手段，从历史数据看，基建投资和房地产投资有一定的对冲。如今房地产投资出现大幅下滑，基建对房地产的对冲作用更为显著。在中国外部贸易冲突、内需疲软、房地产调控不放松的情况下，基建投资成为经济托底的重要力量。

综合来看，只有基建最容易，而且从历史来看，基建也最有效，下一轮的“基建周期”已经拉开序幕，是稳增长利器。

目前基建是唯一高增长并带动社会发展的基础门类，为百姓生活开启方便之门。而基建投资需要依靠政信，用专项债、产业基金等模式推动建设，促进百姓就业。基建包括高铁、地铁、城市基础建设、公共保障性住房建设等，将释放巨大经济增长动力。

加强基建主要驱动力就是地方政府投资，稳基础设施投资可以从两方面着手：一是加快地方政府专项债券的发行；二是稳定融资平台贷款来源。利用政信模式，引入社会资本，能够有效保障在建项目资金需求。政府需要在铁路、民航、油气、电信等领域，推出一批有吸引力的项目，鼓励民间资本参与。

第三节　践行政信　与国共舞

改革开放 40 年，中国的 GDP 从 1978 年的 3679 亿元增加到 2019 年的近 100 万亿元。经济的快速发展为普通人带来了众多致富的机遇，改变命运的机会接二连三地涌现出来。随着生产力的发展，社会结构从由“工人阶级、农民阶级”和“知识分子”组成的简单层次开始变得日益多样复杂。

一个人的命运要靠个人奋斗，也要依靠时代进程。改革开放提升了全体中国人的生活水平，个人的努力奋斗与时代的进程交相辉映，在一次次的机遇面前，有些人开始抓住了机遇，积累了财富。

胡润研究院发布的《2019 胡润财富报告》，大中华区（包括中国大陆、香港、澳门和台湾）拥有 600 万元资产的“富裕家庭”数量已经达到 494 万户，拥有千万元资产的“高净值家庭”达到 198 万户。中国大陆中产家庭数量已达 3320 万户，其中新中产达到了 1000 万户以上（胡润研究院将北上广深一线城市家庭年收入 30 万元以上的家庭定义为中产家庭，其他城市家庭年收入 20 万元以上的家庭为中产家庭）。

一、鱼跃龙门，恢复高考改变命运

1977 年，高考恢复的消息传来，王国庆刚刚从矿井里钻出来。听着大喇叭里播放的高考恢复报名的广播，他喜出望外，终于有考大学的机会了。然而，当他从矿上跑到家里，看着空空的屋子，仿佛被泼了一盆冷水，到哪里找书呢？

王国庆是 1970 年高中毕业的，当时上大学是推荐制，王国庆作为一个农村的小孩，在那个乱糟糟的年代能上完高中已经烧高香了，哪还敢奢望上大学。高中毕业后，王国庆上学时的书扔的扔、借人的借人，唯独当时做的笔记不舍得借出去，一直好好保留着。每次从煤矿干完活回到家，王国庆就盯着之前的笔记，废寝忘食地照着笔记进行复习。

聪慧的王国庆在小学五年级就养成了一个良好的学习习惯——寻找问题，总结并归纳问题规律。因此，王国庆在同样的时间内可以有更高的学习效率，解决问题时还能举一反三，王国庆将这个习惯保持了一辈子。繁重的煤矿生活并没有磨平王国庆对于知识的渴望，平时一有时间他就会抱着能找到的书阅读学习。

高考报名时，王国庆走了几十里路。看着排队报名的人群，王国庆的心里没有怯意，有的只是对大学的渴望（见图 4-4）。

高考前一天晚上，王国庆十分兴奋，久久不能入眠，索性爬起来继续复习，一直复习到凌晨三四点才睡着。第二天王国庆拖着昏昏沉沉的病体进入了高考考场，需要脑力计算的数学答得一塌糊涂。在首战不利的情况下，王国庆仍然坚持参加了第二天的语文和理化考试。

幸运之神终于站在了王国庆这边，分数出来后他考上了北京一所大学，王国庆离开了农村和煤矿，第二年春天踏上了进京求学的道路。

恢复高考的第一年，有将近 30 万人走入了大学的大门；1977～1979 年，三年高考录取人数大约有 100 万，被称为“百万雄师”，绝大

图 4-4 1977 年高考考场

资料来源：中国新闻图片网。

多数人的命运随着国运的变化得到了彻底改变。

40 多年来，有 2 亿多人通过高考成为各行各业的佼佼者和精英。高等教育为国家经济建设输送了一批又一批的人才，许多普通人的命运也因此得到彻底改变。时至今日，虽然关于阶层固化的言论引起了巨大的争议，但是对于普通老百姓家的孩子尤其是农村及四、五线城市的孩子而言，高考仍然是改变命运的最佳机会。

二、商场练兵，计划经济转向市场经济

陈东升 1957 年出生于湖北天门县，从小在机关大院长大。相比于农村出来的小孩而言，陈东升有更多的资源去学习知识，在别的孩子伤春悲秋成为文艺青年的时候，陈东升已经开始对科学和哲学表现出了浓厚的兴趣，他读《古脊椎动物与古人类学》杂志、《马克思传》，还读《人民日报》的理论文章。

陈东升曾经说，在长大的县城里，他见证了中国农业文明向商业文

明变迁的历程：无论是一家人围着迎接家里第一盏电灯的点亮，还是看身边的石板路变成柏油路，或是天门商店开张的时候万人空巷挤碎了玻璃。陈东升敏锐地观察到了这些变化，城市从“农村”逐渐变为“城市”，农业文明被商业文明一点点蚕食。这种对变化的敏锐直觉，在他创业的时候，一次次地推动他向前。

陈东升的高考不算顺利，1977 年高考，他因为政审不合格没能被录取。不过他没有放弃，终于在 1979 年考入了武汉大学，开始在珞珈山脚下学习政治经济学。在武汉大学的学习，进一步开阔了他的视野，自信与自负交织。唯一不变的是，他心中成为国家栋梁的目标越来越清晰。毕业以后，陈东升已经不能满足于在武汉这个城市施展抱负，他选择北上进入对外经济贸易合作部，从事国际贸易及宏观经济研究等工作。几年后，他又进入任国务院发展研究中心《管理世界》杂志社，担任副局级的常务副总编。

体制内风生水起的陈东升，本可以就这么待下去，仕途无量。1992 年，邓小平“南方谈话”之后，曾一手开创了中国企业 500 大评选的陈东升，选择下海开创企业，日后他创立的企业不仅入围中国企业 500 大，更在世界 500 强企业中榜上有名。

尽管创业艰难，但做学问出身的人都有一个优势，善于模仿创新。陈东升有大量前人可模仿，他宣扬“创新就是率先模仿”，他模仿索斯比拍卖行，“抄”出了嘉德拍卖。时至今日，嘉德成了中国的索斯比和全球中国文物拍卖的领跑者（见图 4-5）。

嘉德拍卖申请之初，大陆还没有拍卖机构。拍卖机构需要文化部的审批，陈东升此时发挥了他的政信智慧，找到了文化部下面的一家单位进行了股份合作，这家单位也代理嘉德的资格申请事宜。有了国资的加入，申请执照就顺利了许多，文化部以上下级的名义受理了中国嘉德的审批，嘉德成为唯一一家国字头的拍卖公司。“抄”来了公司模式，真正运营起来是一个大问题。陈东升带着副总经理王雁南和拍卖师，一同

图 4-5　陈东升创立了嘉德拍卖行、宅急送和泰康人寿等

资料来源：中国新闻图片网。

“观摩”香港佳士得和索斯比拍卖会。别人来拍卖会是花钱拍藏品的，陈东升是偷师学艺的。他几乎拍遍了所有香港拍卖场内的环节和场景，这些照片后来都成了嘉德拍卖培训的资料。

创办嘉德之后，陈东升并没有止步，又继续创立了泰康人寿。实际上，1992 年陈东升就决定创建保险公司了，只不过这块牌照花了 4 年时间才拿回来。当时，人寿保险是一个大市场，陈东升一头扎进王府井书店把所有“保险”的书统统买了回来，逢人就讲自己要创立保险公司。当时大家都是在排队办信托公司和证券公司，陈东升是唯一一个去申请保险公司牌照的民营企业家，一连跑了 4 年，当时的中国人民银行从处里到副行长，都知道有个叫陈东升的人一直在跑保险牌照。

拿到保险牌照后，陈东升继续着他“陈抄抄”的脚步——对国外保险金融集团的先进做法采取“拿来主义”。大到公司架构、营销模式、产品设计，小到公司装修风格、服务设施统统为己所用，甚至连办公室饮水机的牌子都记了下来。泰康抓住了人寿保险崛起这个大趋势，乘着中国加入 WTO 的东风，泰康的发展也进入了“快车道”。近年来，泰康更是推出了“一张保单保全家”“从摇篮到天堂”的全流程养老服务。截至 2018 年底，泰康管理资产规模超过 14000 亿元，退休金管理规模超 2500 亿元，拥有各级保险分支机构超 4000 家、营销员 80 万人，为社会创造了海量的就业机会。

根据统计，1992 年前后下海经商的官员和知识分子至少有 15 万人；除了陈东升以外，老百姓耳熟能详的还有华泰保险创始人王梓木、中诚信创始人毛振华、复星集团郭广昌、爱国者集团总裁冯军、恒大集团许家印、汇源果汁创始人朱新礼、北京中坤集团董事长黄怒波、新东方总裁俞敏洪等。这些人在商场，第一时间嗅到了政策的变化，充分发挥了政信的力量，用计划经济的余威，抢占了市场经济的滩头。

在我国保险业快速发展的背后，是保险对国家经济建设的支持。2014 年，中国保监会印发《保险业服务新型城镇化发展的指导意见》，明确加大保险资金投资基础设施建设和运营力度。发挥保险资金优势，积极支持铁路、地下管网、污水和生活垃圾处理、公共交通系统、城市配电网等基础设施建设，提高城市综合承载能力。同时，鼓励保险资金支持民生项目建设，引导保险机构完善投资保障性住房项目、棚户区改造项目的有效商业模式。探索保险资金投资市政债券等新型融资工具，支持建立多元可持续的新型城镇化建设资金保障机制。

新型城镇化建设是我国的重要战略，资金需求量庞大、周期较长、较为安全，和保险资金长期、安全投资的特点相符合。各个地方政府也正在利用政信的力量，吸引各保险机构以股权、基金、债权、股债结合、资产支持计划等形式，为地方重大建设和民生工程提供资金支持。

三、市场造富中的科技力量

在中国，可能有些人不知道马化腾是谁（见图 4-6），但是不知道微信、QQ（见图 4-7）的人应该没有几个。从“越过长城，走向世界!”这封邮件发出开始，中国的互联网行业整整诞生了两波造富机遇。马云、李彦宏、马化腾、张朝阳等中国第一波互联网创业者抓住了互联网普及的红利。王兴、程维、张一鸣等第二波互联网创业者抓住了移动互联网兴起的红利。

图 4-6　互联网时代的弄潮儿——马化腾创立腾讯帝国

资料来源：中国新闻图片网。

20 年前，如果你拉着别人说聊天里面有商机，别人一定会认为你是个疯子。而今天，微信已经改变了十多亿人的沟通模式，发短信变为了发微信，打电话变成了微信语音对话。在微信之前，其实兄弟软件 QQ 也实现了这一功能，只不过当时 QQ 被年龄稍长的人认为是小孩子的玩具，在中老年人群中的应用始终难以推开。通过微信和 QQ，马化

图 4-7　QQ 公仔热销

资料来源：图虫网。

腾打造了一个千亿市值的沟通帝国，而这一切，都要从他在深圳大学读书时说起。

1989 年，马化腾来到深圳大学计算机专业学习，当时他已经是学校里的计算机小专家，既能攻克各种病毒，又能为学校电脑维护提供解决方案。读书期间，他就冒险投了 5 万元，在家里搞了四条电话线与 8 台电脑，担任起慧多网深圳站站长。通过网络，马化腾结识了一群志同道合的“网友”，而后来“网友”丁磊的成功，更是激发了马化腾创业的热情。

1993 年，马化腾大学毕业进入润迅公司做软件工程师，专注于寻呼软件开发。当时软件开发是妥妥的金领，高智商群体的游戏，工程师之间经常炫技，而马化腾并没有被带跑偏，反倒更加坚信写软件的目的是实用，让更多的人能够用上这个软件。

在润迅期间，马化腾与朋友一起开发了股霸卡，这是一种让用户能够在电脑上时时看到行情的软件。马化腾通过股霸卡的开发接触到股市，曾经以 10 万元买入一只股票，70 多万元的价格卖出。股市来钱这么快，但马化腾清楚地知道股市不是自己的事业，自己想做的还是互联网创业。

1998 年，马化腾和同学张志东带着炒股挣的钱注册了腾讯公司。马化腾把寻呼和网络联系起来开发了 OICQ，集寻呼、聊天、电子邮件和文件传输等多种功能于一身。一年后，OICQ 版本升级改名为 QQ，带着围脖的小企鹅成了众多“90 后”和“00 后”的童年回忆。

QQ 起步的时候，遇到了很多挑战，第一个挑战就是用户的问题，马化腾在一次演讲中曾经提到，为了留住客户，马化腾把自己的 QQ 头像换成女生头像，亲自装成女生和别人在线陪聊。用户有了，服务器又成了问题，当时公司拿不出服务器的托管费，就去偷偷蹭别人的服务器。创业不是搞慈善，即使有服务器可蹭，QQ 还是不赚钱。最艰难的时候，马化腾开始找人想卖掉 QQ，只不过马化腾的心理价位是 100 万元，对方只肯出 60 万元，马化腾没有舍得卖出去。后来，事情终于出现了转机，国内市场找不来钱就去国外找，马化腾带着改了很多遍的商业计划书，终于拉来了 220 万美元投资。

腾讯开辟了无线业务领域，QQ 会员付费、超级会员付费、红黄蓝绿钻付费、游戏充值，甚至创立了最坚挺的游戏代币（Q 币），1Q 币等于 1 元人民币。故事到这里并没有结束，马化腾是国内为数不多的连吃两轮网络红利的创业者。

2011 年，腾讯公司推出了微信，在移动互联网时代继续拔得头筹。依托着微信作为流量入口，腾讯系的腾讯视频、腾讯游戏、微信支付、腾讯会议也都成为各子行业的佼佼者。拼多多的崛起，也是借助腾讯这艘航空母舰，快速完成了流量分发和用户获取。

腾讯正是顺应了国家不断满足人民日益增长的美好生活需要的浪潮，成就了腾讯的各个股东，成就了腾讯的众多员工，成就了腾讯生态圈的众多互联网创业者，充分践行了共赢生态的内涵。截至 2019 年 9 月，腾讯共有 60860 名雇员。马化腾的成功不仅是他个人的成功，更带动了千千万万的互联网从业者获得了高收入。互联网是人才密集型行业，商业模式杠杆高，单位密度产出高，拥有更为合理的激励制度，在风口释放的红利更加普惠。对于没有背景没有关系的普通人来说，互联网初创公司提供了一个一朝上市、财富自由的最好机会。

2020 年，国家鼓励发展“新基建”，全国多个省份推出的投资计划合计逾 40 万亿元。新基建中，5G、人工智能、工业互联网等每一个领域都有很大的产业链，同时科技含量更高，民营企业具备参与的天然优势。依托人工智能、大数据、区块链、5G 和物联网等新一代信息技术，新的造富机会正在来临。以 5G 为例，与之前的 3G、4G 相比，5G 和产业联系更加紧密。3G、4G 更多改变生活，5G 则更多改变生产，将引导企业从过去的网络化，走向未来的智能化，其所带来的改变是革命性的。

而政府在这一轮新基建投资中，将充分利用政信的力量，吸引社会资本进行投资，在为创新创业进行贡献的同时，为社会资本带来丰厚的回报。新基建中存在各种新的造富机遇，其中也必定会出现新的腾讯、阿里巴巴，而要搭上新基建造福的快速列车，要么拥有核心技术创设高科技公司，要么加入高科技公司的生态圈，要么直接参与投资新基建项目，来获取财富的快速增值。

四、地产教父背后的时代风口

王石 1951 年 1 月出生于广西柳州市（见图 4-8），父亲从老家大别山地区参加红四方面军，解放初期已是处级干部，后来转业到郑州铁路局任职。1968 年，王石初中毕业，参军入伍，服役 5 年后，到郑州铁路局水电段锅炉大修车间当工人。1974 年，他获得推荐进入大学，就读兰州铁道学院给排水专业。1977 年毕业，工作稳定后，王石与王江穗结婚，其岳父王宁也是老革命。

图 4-8　到达人生巅峰的王石

资料来源：中国新闻图片网。

1983 年，王石到深圳经济特区发展公司工作。当他到达这个城市，看到一个巨大的建设工地般的深圳，兴奋、狂喜、恐惧的感觉一股脑涌了上来，手心都汗津津的，他意识到深圳孕育着巨大的机会。

很快，他便挖到了人生的第一桶金。当时，美国大陆谷物公司与深圳养鸡公司合资的饲料生产企业——正大康地需要大量的玉米。可是，广东不产玉米，从北方运来的玉米，需要从香港转运，于是价格提高了很多。王石找到正大康地，说他能解决运输问题，运来玉米。一颗事业心推动王石，他先后往返于大连、青岛、广州等多个地区进行运力谈判，最终王石谈妥了广州海运局的海运，成功做成一笔 30 吨的玉米生意，赚得了第一桶金。接下来的几个月，王石把玉米生意做大，从玉米生意中赚到 300 多万元。

后来王石在讲述自己赚得第一桶金的时候，经常颇为自豪地提起这件事。“这就是我下海挖的第一桶金，干干净净。”但王石的人生不是走向“饲料大王”，而是房地产大亨。

1984 年 1 月 24 日，邓小平抵达广州火车站，此后几天在深圳和珠海、蛇口视察，并在广州写下“深圳的发展和经验证明，我们建立经济特区的政策是正确的”。此次低调的南方视察，为中国走上有中国特色社会主义市场经济发展道路奠定了思想基础。

邓小平登顶深圳商业大厦那天，“饲料大王”王石正骑着自行车从商业大厦楼下经过。他看见拥挤的人群，得知邓小平同志视察深圳，然后又骑上自行车默默赶路。

4 个月以后，特发公司成立深圳现代科教仪器展销中心，王石任经理。1988，王石将企业更名为“万科”，“中国地产教父”正式上路。万科当时集资 2800 万元，以 2000 万元的价格拍下深圳威登别墅地块的土地，建房售卖，开盘就售罄，在当时惊爆全国。1991 年，万科通过股份制改造并成功上市，事业从此蒸蒸日上。1998 年 1 月，王石受到国家总理朱镕基接见，朱镕基对王石对房地产的市场走势和看法给予充分肯定。1998 年，朱镕基改革大力推进，福利分房体制被彻底打破，住房商品化，这是能够让老百姓大把大把地掏出钱购买的商品。

王石的房地产道路一片坦途，坐在时代造就的浪潮顶端，王石的事业顺风顺水。1999 年，万科已成为房地产业上市公司中的第一名，48 岁的王石辞去总经理职位，任公司董事长，无为而治，并开始“逐梦网红圈”。

2000 中国经济年度人物颁奖典礼上，央视主持人称王石为“房地产行业的领军人物”。他成为一个名人，走到哪里聚光灯就照到哪里。他在网红的道路上越走越远，粉丝众多。

而王石也是不吝制造新闻，他攀登珠穆朗玛峰、出国留学、滑翔、出书，赚足了眼球，引媒体欢腾。

当王石在网红路上越走越远的时候，他碰到了门口的“野蛮人”。宝能系替代华润成为万科最大股东，在2016年提出罢免万科现任全部董事监事。王石四处游说，高调宣布“不欢迎宝能系成为其大股东”，并称宝能系实际控制人姚振华为“野蛮人”。同时，证监会采取一系列密集的监管措施，让依靠险资在资本市场兴风作浪的姚振华“哑火”。王石虽然获得胜利，但是自己也被“野蛮人”赶出公司。

王石说，他当初并不喜欢房地产，只是因为这个行业是门槛低、市场前景大、尚未形成垄断，所以做起了房地产。后来他非常喜欢房地产行业，因为它牵涉到城市建设、城市规划，能够造福于消费者、造福于人民。

房地产商的发迹，起源于中国基建的红利。在中国日新月异的“拆”“建”过程中，涌现了一大批富豪。王石、许家印、王健林的故事充分说明，无论你有多大的才能，都必须要把握时代风口，才能成为浪尖上的舞者。

“房子是用来住的，不是用来炒的。”让全民炒房的高涨热情下降，房地产投资从黄金时代逐渐变成白银时代。为了解决财力不足与不断增长的资金需求矛盾，房地产商通过银行借款、债券发行、PPP、产业基金等方式，逐渐成为替地方政府举债融资的核心渠道，推动中国城镇化、工业化和现代化进程。

2015年以后，政信投资时代来临，政信规范发展，中央鼓励股权融资，地方通过交易所定融等方式开展融资，用于地方发展。未来政信金融将充分发挥稳投资、扩内需、补“短板”的作用，增强投资者对本地经济社会发展的参与度，让投资人参与到国家建设的红利中。

第四节　让大国导师放心的新共赢生态思维

一、厉以宁的扶贫案例：百姓安居乐业的政府力量

位于贵州省西北部的毕节市，是川、滇、黔三省的交通要冲。北接四川、西邻云南，东与贵阳市接壤，南与六盘水市、安顺市相连。面积26853平方千米，人口720万。

贵州被誉为天然“大公园”，特殊的喀斯特地质地貌、原生的自然环境、浓郁的少数民族风情，形成了丰富的旅游资源。毕节身处这样的环境中，全区冬无严寒，夏无酷暑，山川秀美，资源丰富，人民勤劳，民风淳朴。但是，毕节却在很长时间和“贫困”这个词汇紧紧捆绑在一起。20世纪80年代中期，毕节经济贫困、生态恶化、人口压力过大，在某种意义上，成为贵州乃至中国西部地区的一个缩影。

东西部差距越来越大，当时处于悬崖上的村庄，孩子们上学有的要爬6小时山路，要溜到云南再回贵州，才能到达学校。西部百姓的生活、上学、就业的问题越来越受到重视，中央出手了。

1988年6月，毕节被中央确立为“实验区”。这是时任贵州省委书记的胡锦涛同志亲自倡导，并报经国务院批准建立的“开发扶贫、生态建设”试验区。

（一）厉以宁的授人以渔：教育扶贫

2003年，北京大学光华管理学院名誉院长、全国政协经济委员会副主任厉以宁教授从年事已高的钱伟长手中接下了专家顾问组组长的接力棒，成为第四届毕节试验区专家顾问组组长，并表示要尽全力为毕节

人民服务，厉以宁教授是这么说的，也是这么做的（见图 4-9）。

图 4-9　厉以宁

资料来源：中国新闻图片网。

自从成为毕节试验区专家顾问组组长以后，厉以宁每年都会多次前往毕节调研，每一次走不同的线路，考察不同的企业与村庄，即使在 80 多岁高龄的时候仍旧是不辞辛劳，深入考察毕节的一山一水。

在和老百姓接触的过程中，厉以宁发现了一个问题。他说起一个贫困村，别人捐给一批山羊，希望村民能好好养羊，让羊生小羊，最终靠养羊致富。可第二年去一看，羊被人们吃光了。

厉以宁表示，一些地方自然条件差，如果扶贫资金用不好，对当地帮助并不大。扶贫过程中不能只给东西，一定要教会他们本领，知道怎么用，也就是要授人以渔。而授人以渔，教育是重要途径，一定要重视教育。未来真正的希望在于年轻人。这些人通过接受培训，学习知识，有了各种专长。他们不一定务农，也可以做工、开小店等。有了技术学校，孩子不用走那么远。在湖南一个苗族自治县，那个地方多数学校在乡镇所在地，小孩子早上起来，摸黑走 15 里路去学校，晚上再走 15 里路回家。教育扶贫工作一定要做好，因为教育扶贫影响到将来就业问题。

在这种理念的指导下，厉以宁深入贵州的教育事业。贵州原来有一个毕节学院，学生毕业后因为专业不对口，很难分配到工作。后来，毕节学院更名为贵州工程应用技术学院，并根据社会需求重新调整了教学专业，通过与企业合办专业的方式，为企业输送人才，就业率一下提高到了98%。

（二）厉以宁的产业扶贫：旅游产业很重要

厉以宁指出，发展旅游经济是减贫的重要手段，因为旅游消费随经济发展而发展。它有潜在发展需求与供给，虽然村子很小，但只要你把古迹修好，环境搞好。旅游增收带有连贯性的，因为一个地方你来得越多，就越有人在这里投资。

厉以宁表示，第一，旅游本身是一种消费。第二，旅游本身是一种服务，这种服务使人有更大的兴趣到不同地方旅游。同时，厉以宁讲了一些旅游扶贫的例子。

陕西汉中有个县叫洋县，以稀有动物朱鹮闻名。在当地政府保护下，朱鹮已繁衍到2000多只。厉以宁说，朱鹮有个特点，一辈子就只找一个配偶，因为这一点，很多新婚、金婚、银婚的夫妇都到这里来旅游，于是洋县发展起“朱鹮产业旅游经济”。

厉以宁表示，旅游对就业影响很大。在贵州有个百里杜鹃花海，每年杜鹃花开的时候人挤得车开不过去。农民办起了农家乐还不够，又办了汽车修理业。我们去考察汽车修理业为什么发展这么快，发现是自驾车旅游的人多了。

（三）政府搭台，企业唱戏，农民获益

厉以宁表示，试验区专家顾问组是毕节地区发展过程中最大的社会资本，集合中央、全国工商联、国家各部委、各民主党派等形成庞大网络对毕节试验区进行指导帮扶。政府则化身为平台，为各个企业、社会

资本提供发挥自身能力的舞台。其中，包括成立了全国最大的村镇银行，对毕节农民、农业产业化和乡镇企业发展提供帮助；并成立了毕节产业投资基金，对毕节地区产业重组、高新技术产业的发展、基础设施进行投资，带动更多社会资本进入。

厉以宁表示，毕节农业人口占80%，农村金融尤其重要，要让农民生活过好，要让农民富起来，就要搞好农村金融。同时，为了提高企业、百姓创业的积极性，又对集体林权制度进行了改革，承包期70年不变，给农民吃了定心丸。同时为了增加企业的资金流动性，让农民成立公司，让林地可以流转，林木可以抵押。

毕节采用的是参与式扶贫，充分发挥农民的主体作用，依靠当地人民自身参与。农民知道自己的村子适合发展什么，急需要做什么，并且有很好的主意。政府最关键的就是要作为一个平台，为百姓的自我发展提供支持和帮助，形成良好的循环。

另外，在宏观调控上，政府的作为也不能少。厉以宁表示，项目开发上，一是工业；二是基础设施；三是农业产业化，要引进外地的龙头企业来带动毕节的企业；四是社会事业的发展。

在各界的支持下，毕节成为贵州省发展最快的地区之一。

2015年11月召开的中央扶贫开发工作会议上，中共中央总书记习近平在讲话中强调，“要动员全社会力量广泛参与扶贫事业”。

作为扶贫攻坚中的重要力量，民营企业开始更加积极地参与进来，为毕节带来了更明显的改变，也获得了丰硕的成果。

毕节试验区生产总值从1988年的23.4亿元增加到2017年的1841.6亿元，城镇和农村居民人均可支配收入分别从795元、376元增加到2017年的27320元、8473元。

2019年，毕节市完成地区生产总值1901.36亿元。截至2019年6月13日，毕节市累计扶持微型企业14006户，投资37.25亿元，兑现财政补助资金5.14亿元，兑现税收激励1046.87万元，金融支持8.83

亿元，带动就业 8. 25 万人；吸纳贫困地区贫困户、返乡农民工、复员退伍军人等“六大群体”3. 91 万人创业就业，带动 2. 51 万返乡农民工回乡创业就业。

毕节在发展过程中，体现的就是政府和企业的合作之路，是政信金融的道路。厉以宁表示，与经济发达地区相比，贫困地区的交通、供水等基础设施是制约经济发展的主要因素，脱贫需要基础设施的支撑，公共工程建设也必须配套。应积极运用和社会资本的合作来改善基础设施建设，使这些地区尽快富裕起来。

贫困地区有了好的支持，也就有了更广阔的发展空间、更高更快的发展速度，也将会为投资人带来更多的投资收益。未来，地方政府需要发挥引导作用，通过政信的力量，聚合百姓的力量，帮助地方经济发展。

二、城归者老周的民宿致富路：新的人口红利出现

（一）老周的民宿致富路：大城市不能实现，回家乡能够实现

《杜鹃花词》

杜鹃花时夭艳然，所恨帝城人不识。

丁宁莫遣春风吹，留与佳人比颜色。

这是唐朝诗人施肩吾关于杜鹃花的诗歌。每个春天，贵州毕节百里杜鹃花海在风和日暖中铺出百里浪漫，标志着当地进入“花季”（见图 4-10）。3 月下旬至 5 月，各种杜鹃花竞相怒放，漫山遍野，五彩缤纷。山风吹过，杜鹃花如同霞光云锦，惹人怜爱。贵州毕节百里杜鹃风景名胜区，被誉为“世界上最大的天然花园”，享有“地球彩带、世界花园”之美誉。

图 4-10 百里杜鹃被誉为“世界上最大的天然花园”

资料来源：中国新闻图片网。

随着贵州的经济发展，旅游越来越受到重视。旅游带动老百姓创业，建设民宿，提供文娱表演，为来游览的广大游客朋友们奉上好看、好吃、好玩的美食娱乐项目，体验美丽的杜鹃花世界。

老周就是在这个地方开办民宿的。

“我是 2018 年开始在这里建民宿的，比预想的要好得多。这里每天极限接待容量不到 20 万人次，一般情况下能每天会限制承接 8 万人。每个节假日，这里都会爆满。2019 年清明节，百里杜鹃景区游客激增，不得不启动应急预案，上午 11 点就停止售卖景区门票，我们的民宿就算提价也都是马上被订购一空。”老周笑呵呵。

“今年（2020 年）差一点，疫情影响，百里杜鹃景区每天限流 1. 5 万人，也能赚一些。今年大环境不好，全国的餐饮和酒店都受到了影响，不过我们受到的影响相对来说不大。”老周表示。

老周是在北京上的大学，他的想法很多，毕业后参加工作，感觉不适应，于是抓住民宿兴起的机会，和人合伙开办了民宿。

“是在北京周边做的民俗，民宿种类很多，实际上我们做的是宾馆。只是挂了一个民宿的名称。北京开民宿不好开，竞争压力大。像北京这种一线城市，虽然流动人口多，但是政策规定太多了，客源还是分给了各大酒店，我们这种民宿走的是野路子，很难生存。”老周表示，“另外运营成本也很大，前期推广的时候价格不能太高，还要到处买流量，买口碑，钱都给了第三方平台了。运营下来，资金压力很大。实际上，95%的民宿都是在赔钱的。”

由于老周毕业于名校，几个合伙人也比较给力，在融资方面能够提供支持，所以一直办着民宿，希望口碑打好以后，后期能够赚到钱。但是从 2017 年开始，随着行业竞争压力增大，以及资本市场每况愈下，后续的资金也越来越难找了。这个时候，老周想到了回家乡发展。

“我也是后知后觉，2015 年中央出台各种政策，对农民工等人员返乡创业进行支持，2016 年又发布政策支持中高等院校毕业生、退役士兵、科技人员等返乡创业。在创业越来越难的时候，我终于下定决心，回老家继续创办民宿，未来农村发展有潜力。”

回来以后，老周发现了一个金矿。在“百里杜鹃”风景区游玩的时候，他发现这里有三个发家致富的行当最为火爆。一是当汽车修理店的老板，这是因为毕节有很多外来旅行者，驾驶的车辆经常在崎岖的山路上发生故障，有汽车维修的需求。二是家庭旅馆的老板，因为旅行者有住宿的需求。三是家庭饭店的老板，同样是来自旅行者的需求。

于是老周凭借自己在大城市学到的运营经验，奋不顾身地投入民宿当中。

“生意很好，人手不够，把远处亲戚叫来帮忙，这样大家都富了。”老周很高兴地说。

景区运营也很给力，会举办庙会，开展观花灯猜谜语活动；会举办特色美食节，让游客享受到味觉盛宴；会开展非遗表演，让游客享受当地特色文化盛宴。这些都是吸引客流的好方法。

除了看杜鹃花外，过了花期还可以来这里避暑、休闲、度假、看花海。

老周说："这里不愁客流量，现在米底河、杜鹃花王、慕俄格、织金洞、黄果树、龙宫、青岩古镇等周边景区也快速发展，毕竟人太多了！贵阳和周边城市自驾游很火爆，每个周末，民宿都要爆满。"

像老周这种在外打拼 7~20 年的城归者，带来了一定的资本和技术，还有先进的经营管理理念和产业运作经验，不仅自己发家致富，还成功带动了当地相关产业的发展。

（二）厉以宁解读老周背后的大国财富：新的人口红利出现

大国导师厉以宁指出，中国正在悄悄地进行一场人力资本革命，新的人口红利正在产生。

厉以宁表示，过去只听说过海归，现在中国出现了"城归"，也就是农村外出打工的人在外面工作了几年，认识了一些朋友，学会了技术，积累了一些资本，更懂得了市场怎么运作，然后回乡去干，因为家乡有用武之地。比如在如今旅游火爆的时期，有些人回家乡开办民宿。

厉以宁说，据调查目前"城归"已经占到外出农民工的 1/4。"城归"回来了，给农村带来了变化。城归者实际上在为中国下一步创新做准备。

厉以宁认为，新的红利不可能自发涌现，必须建立新的体制和机制，激励亿万群众和企业家充分发挥他们的活力，为他们指明自己的创业道路。

厉以宁是从自己在贵州扶贫的经验中，总结出新的"人口红利"理论的。新人口红利主要有三个来源：一是大量的创业创新者，将来会成为中国的新人口红利。上千万人在创业创新，有 10%的人多少能成就点事业，1%、1‰能成为大的企业家，就能对中国经济产生重大的影响。二是大量职业技术学校毕业的学生。他们找到能发挥自己专长的工作，将来也会进一步提升为熟练工人。三是农民。现在很多地方的农民开始学家庭农场的思维，农民要学技术、要懂得管理，这是西方农业发展的结果，也是将来中国要走的路。这样就可以说，中国不仅将会有新的红利，而且中国的人口多，新人口红利数量也是惊人的。

城归者在大城市学习各种技能，积累着各种经验，回到家乡，用自己的勤劳和才智创造了美好生活，逐渐改变着家乡的落后面貌，也为中国经济的发展贡献出了自己的力量。厉以宁说，城归者选择在经济欠发达地区创业，自发地成为互联网时代的实践者和互联网思维的传播者，在无形中进行了一场人力资本的变革，对中国发展意义重大。从世界历史发展的轨迹来看，城归者已经站在了历史发展的快速通行道上，并对中国能否在第四次工业革命中不落后于人起着至关重要的作用，对中国的发展意义重大。

本章结语

中华人民共和国成立以来，中国从一穷二白发展到世界第二大经济体，从一个农业国发展到品类齐全的工业大国，实现了大国崛起。全国居民人均可支配收入从 1949 年的 49. 7 元增长到 2019 年的 30733 元，名义增长 617 倍，城乡居民收入大幅增长，居民消费水平明显提升，生活质量显著改善，从温饱不足迈向全面小康。中华人民共和国成立以来的伟大成就，离不开每一位中国人，离不开每一个中国家庭。迄今为止，绝大多数家庭摆脱了贫困，大多数家庭奔向了小康，部分家庭资产超过千万元，而少部分家庭经过几代人的良好传承，形成了庞大的家族，从全世界挖掘金矿，积累财富。

大国崛起的过程中，出现了至少五次的造富过程，然而大多数家庭的财富始终处于社会的平均水平，只有少部分家庭一骑绝尘积累了巨额财富。财富量级的差别，究其根本原因，就是有没有第一时间发现国家政策的变化，有没有突破重重阻力第一时间全力投入新一轮的国家建设之中。无论是当年的恢复高考，还是接下来的乡镇企业腾飞，体制内人员的下海经商，互联网及移动互联网20年的两次腾飞，以及基建、地产的爆发式增长，每一次最早参与其中的一批人，无疑是顶着重重压力的一批人，而这其中，最重要的无疑是他们最先嗅到了国家政策和社会变革的气息，并对国家的未来发展和政府信用充分信任，才得以全力以赴最终迈入财富的殿堂。

从大国崛起带来的历次造富历程中可以看出，参加高考的王国庆，既要下矿挖煤养家糊口，又要准备参加高考，而且还没有准备高考的教科书，只能拿着七年前的笔记进行复习，难度可想而知。但他正是凭着高考的信念和良好的学习习惯，最终得以改变命运。农村出身的鲁冠球，小时候辍学去铁匠铺当学徒，被精简辞退，后来却凭着不服输的韧劲儿，一次次抓住了国家政策的变化，陆续自己开了铁匠铺、农机修理厂、万向节工厂，成为世界汽车零部件巨头。还有抓住体制人员下海经商机遇的陈东升，抓住互联网以及移动互联网20年两次腾飞的马云、马化腾，以及基建、地产的爆发式增长造就的王石。他们都是同时代最灵活的人，最先嗅到国家政策变化的人，最懂得奋力拼搏的人。

同时，国家历次造富机遇也并不是一成不变的，从几乎只要参加了高考就能改变命运、只要下海经商就能赚到第一桶金，到移动互联网时代的高科技属性、基建地产时代的密集资金属性，新的造富需要个人拥有更深厚的资源，更灵活的头脑，更精尖的技术。同时，随着时代的变迁，造富也有了更多的途径，一个人可以充分研究国家政策自行创业，也可以跟一个符合国家政策发展方向的团队一起创业，甚至可以投资一个政信相关行业的创业团队，还可以投资政信行业优质公司的政信产品，紧紧跟上政信发展变迁的步伐，创造比周围人更多的财富。

第五章

新时代金矿——政信金融

富其家者资之国，富其国者资之天下，欲富天下，则资之天地。

——王安石

王安石，北宋著名思想家、政治家、文学家、改革家，官至宰相。王安石为改变北宋积贫积弱的局面，主张变法，在很大程度上实现了“富国强兵”的目的。王安石作为著名政治家、改革家，深谙政信之道，提出家庭的富足依赖国家的富足，国家的富足依赖天下人民的富足，要使天下人民富足，就要依赖开发自然。

家国文化是中国历史的传统，也是中国社会发展的基石。“富民思想”是我国古代治国理政的核心，体现的是老百姓与国共赢的道理，这也是政信文化的渊源。历史上每一个王朝的繁荣，无一不是国富兵强、百姓安居乐业的景象。当前，我们正在中华民族伟大复兴的道路上奋勇前进，政府信用以及与此相关的民族自信，将是国家走向繁荣昌盛和持续发展的基础。

政府信用的价值在政治、经济、伦理、文化和社会价值等各个维度都有非常重要的体现，在市场经济条件下，政府信用既是无形的生产力，也是社会经济发展的基石。当下在重点经济领域，财政改革、投融资改革、缓解政府融资压力、引导民间投资等都与政信有重要关联。政信投融资模式，在城镇化建设、工业化建设、乡村振兴以及新基建中发挥了巨大的作用，基于政信基础的投资，也正是新时代最大的金矿。

第一节　政信与政信金融

一、政信与政信金融的内涵

政信是指政府在政治、经济、社会、文化、生态治理过程中体现出来的与各利益相关方之间形成的信任关系和社会经济关系。它以政信文化为引领，以政信金融为核心，以政信法规为保障，以政信生态为支撑，其根本目标是促进中国政信业态健康持续发展、国家治理能力的现代化、国家经济的腾飞及人民的安居乐业。

我国政信思想源远流长，古代以“仁义礼智信”为基础的儒家伦理思想体系（见图 5-1），将“信”作为政治家的一种重要品德，由此也形成“政信”的雏形。现代政信则是市场经济条件下契约精神的体现，是以政府为主导，以“诚信”为根本的政治、经济、文化体系，是我国经济、社会发展的原动力。

图 5-1　儒家五常“仁义礼智信”

资料来源：图虫网。

政信业态以政信金融为核心。政信金融是政府为了履职践约、兑现承诺，提供高质量公共产品和服务，推动经济发展而开展的所有投融资活动。政府通过合理地开展政信金融活动，不仅能有效弥补在提供公共服务过程中面临的资金短缺问题，还能间接促进政府信用的提升。一方面政信金融离不开政信软环境的支撑作用，政信直接决定了政府的融资能力、融资规模、融资结构和融资成本；另一方面政信金融为各级政府履职践约、实现良好信用提供资金保障。

二、政信金融主体及产品

政信金融包括以政府为主导的 PPP 项目、地方国有平台公司为主导的民生项目、基建项目、产业园建设、产城融合等相关金融产品，常见的形式有政府债券、政府借款、PPP、资产证券化、融资平台产品、政府性基金等。

（一）政信金融参与主体

政信金融的主体是政信金融的参与方，不仅包括借款方，即地方政府或者其平台公司；也包括服务方，即具有相关金融牌照的银行、证券、保险、信托和基金公司；还包括投资者，即广大高净值的个人投资者和机构投资者。

在三方主体中，地方融资平台公司（或者其背后相应的地方政府）是融资人；政信金融服务公司是相应项目的资产（资金）管理人；投资者是相应项目的投资人和受益人，三者在法律上构成了一种契约关系。

地方政府以其信用介入，将其拥有的公共产品和公共服务特许经营权转移给政信金融服务公司，由其按照规定条件和范围进行管理和运作，一方面将公共产品和公共服务提供给社会大众，另一方面实现投资者的预期收益要求。其中投资者分为个人投资者和机构投资者两类，个人投资者是指居民个人作为一级投资主体进行投资，机构投资者是指使用自有资金或者从分散的社会公众、其他机构手中筹集的资金进行投资活动的法人机构。

政信金融产品根据产品类型不同、监管要求不同，在不同的机构和场所发行备案：①中国银行间市场交易商协会：是银行间债券市场、拆借市场、票据市场、外汇市场和黄金市场参与者共同的自律组织，协会业务主管单位为中国人民银行。②金融资产交易所：简称“金交所”，是地方融资平台发行定向融资工具的平台，一般由省政府批准设立。金交所的业务操作具有合规合法性，受多方监管。

（二）政信金融产品及运作方式

政信金融的客体是政信金融采用的金融工具，即政信金融产品。除了传统的银行信贷外，主要包括地方政府债券、产业投资基金、资产证券化、保理和租赁、定向融资计划等。

从融资模式来看，政信金融分为债权类融资和股权类融资两种，分别对应不同的运作模式。

政信金融的债权类融资方式，常见于地方债。地方债可以分为一般债券和专项债券（见图5-2）。一般债券没有直接收益，以一般公共预算作为主要偿还来源，不针对具体项目。专项债券投资于特定项目，由项目未来收益作为偿还来源，不纳入财政预算，不计入赤字。目前，地方专项债的品种主要有棚改债、土地债、轨道交通债、高速公路债等。另外，还有地方私募债。地方私募债主要依托各个地方股交市场，与地方债一样，是政府主要债务融资工具之一，投资到地方基础设施建设。

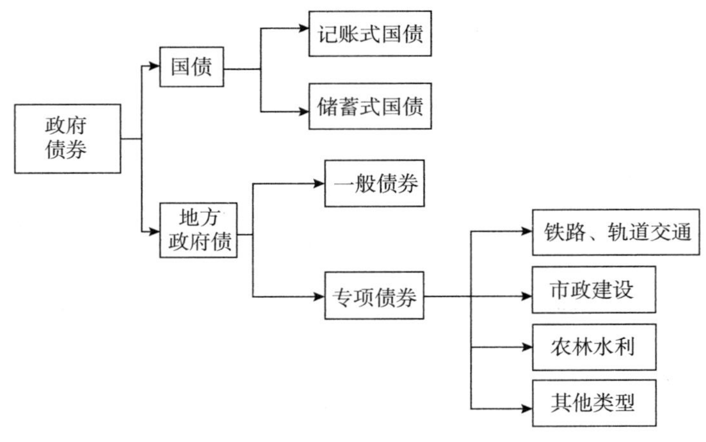

图5-2　政府债券分类

资料来源：中国政信研究院。

应收账款保理融资也是重要的债权融资之一，其运作方式是国企或政府融资平台企业将赊销形成的未到期应收账款在满足一定条件的情况下，转让至集团保理业务公司，并承诺到期回购，按一定保理融资比例提供流动资金支持，加快资金周转。

融资租赁也是重要的债权融资之一，在许多领域都可以使用，目前在我国具有很好的发展前景。其运作方式是公司对承租人自主选定的租赁物件，进行以为其融资为目的的购买，然后将该租赁物件中长期出租给该承租人使用，承租人按期支付租金。租赁到期时承租人可以获得设备所有权，实质上是以融物的方式满足承租客户融资的需求。对于政府来说，承租人为政府平台公司或国企，在租赁期内承租人所产生的现金流需要足以覆盖租赁期内应付出租人租赁租金。

同时，政信金融还可以通过境外发行债券进行融资。当前发达国家普遍进入负利率时代，在这种情况下，中国通过政信的方式，能够从海外低息融资，为企业带来机遇。与境内发行债券、境内发行股票、境内贷款等融资方式相比，境外债具有可以吸引外国投资、利率低、时间周期较长并可以建立国际信誉等重要作用。

此外，低息 PPP 项目债券融资，这种模式针对平台公司较多，可借助第三方与跨国投资银行合作，指导平台公司直接海外发债（即以境内企业作为发债主体，直接在境外发行债券）或间接发债（以境外的子公司或 SPV 作为发债主体进行发行债券）。

资产支持证券（ABS）也是政信金融的一种融资方式，是以项目所拥有的资产为基础，以项目资产带来的预期收益为保证，通过在国内、国际资本市场发行债券等金融产品来募集资金的一种项目融资方式。

在股权融资方面，政信金融的融资类型比较多，运作方式也比较复杂。如 PPP 项目直接投资、政府通过产业引导基金对项目进行投资、设立国有企业改制基金等。这些股权融资的模式，主要是通过各种方式筹集资金，最终将资金注入一个公司实体，再以该公司实体进行政信项目的投资运作。

三、政信金融“四国”优势

政信金融具有国资建、国资管、国资融、国资还的“四国”优势。

国资建是指国资工程公司参与建设，项目可控；国资管是指国资金融管理机构承揽并监督金融产品发行；国资融是指地方政信融资；国资还是指还款有上级来源保障。依靠“四国”保障，政信投资的安全性非常可靠，投资收益也有保障。

在中国，国家政策决定经济发展方向。政信类相关政策密集出台，立足国内实践，借鉴国际成功经验，推广运用政府和社会资本合作模式，是国家确定的重大经济改革任务，对于加快新型城镇化建设、提升国家治理能力、构建现代财政制度具有重要意义。

2020 年 4 月财政部公布，按照国家统计局公布的 GDP 数据计算，全国政府债务的负债率（债务余额/GDP）为 38.5%，低于欧盟 60%的警戒线，也低于主要市场经济国家和新兴市场国家水平。根据财政部的数据，政府部门尤其是中央政府仍具有很大的加杠杆空间，以政府信用为基础进行融资，扩大基建，将成为未来经济的侧重点，这对居民来说也是一个好的投资机会，把钱借给谁也不如借给政府，投资更加安全。

总体来看，政府信用大于国企信用，国企信用大于民企信用。未来国家通过基建稳增长，一定会加强政府履约能力，在这种情况下投资者可重点选择政信投资，因为政信投资具有国资建、国资管、国资融、国资还的“四国”优势。政信金融的“四国”优势更是体现在：

（1）政信是一个长期稳定的市场，违约率极低，政信债务不会被取消，政信债务实质违约率为 0。

（2）2018 年是信用债频繁违约的一年，非国企违约金额占全市场违约的九成以上，违约率约 3.8%，远高于国企违约率约 0.77%。长期来看，国企的违约率仅占 0.25%，而国企中平台公司的违约率仅为 0.023%，出现延期偿还后基本上能在 3 个月内完成兑付。

（3）中央重磅文件严禁地方政府违约毁约，严禁“新官不理旧账”，确定债务终身问责制，新《预算法》要求把地方政府债务分门别类纳入全口径预算管理，实现“借、用、还”相统一。

（4）地方债务纳入中国人民银行登记系统，违约成本高，政府信用受损会造成极大的影响，代价极大。

四、政信金融是共生共赢之道

政信行业以共赢思维，为参与各方提供更大回报。随着市场经济的深入和国家改革政策的不断优化，充分和有效利用社会资本进行国家社会主义经济建设已经成为主旋律。各地政府也需要更多依赖市场，从社会获得融资。只有开放更多优质项目给市场，与民共赢，才能获得更好的发展。这是投资者的新大陆，参与政信，共赢未来。这也正印证了王安石说的“富其家者资之国，富其国者资之天下，欲富天下，则资之天地”。

未来，社会企业会深度参与国家建设项目的全流程运营，政信金融则是社会企业项目开展的资金源泉。在融资方面，政信金融产品为社会企业与地方政府深度合作拓宽企业的融资渠道，盘活资产，激活地区产业的发展建设；在项目设计方面，政信金融产品从前期即开始参与策划；在产业方面，政信金融产品帮助导入产业，规避产业风险，推动项目发展。政信金融产品方可以引入专业的行业机构及品牌，对项目进行品牌导入和产业优化，提升项目品质，增强项目获利能力。

相对来说，政信金融产品对项目参与度较深，能够对项目进行深度把控，对项目的经营管理理念更符合投资者的利益诉求。政信金融能够深入项目，深度孵化项目，提升项目价值，将投资人的风险最小化、利益最大化，实现政信金融产品投资人的共生共赢。

第二节　政信金矿藏宝图

近年来，地方政府凭借政府信用开展政信金融的各种形式，构成了实践中的政信业态。政信金融规模的不断发展和扩张，为地方社会经济发展提供了源源不断的资金支持，政信金融也以其融资优势，和国家重要战略和发展方向融合在一起，如基建、产城融合、乡村振兴、“一带一路”、文化旅游等，为相关的项目建设提供资金、智力保障，也为政信金融投资者赢得了可观的投资收益。

根据我国历次中共中央政治局常务委员会会议、全国人民代表大会会议精神，结合我国“十三五”和“十四五”规划及预测，基建、新基建、新兴产业、新文化、新农村、“一带一路”都将是未来国家财政重点支持的方向，也将是政信金融的重点投资方向。

一、大基建与你我紧密相连

大基建包括交通、水利、能源、环保、通信等多种关系国计民生的基本建设及改扩建。基建是一个永恒的话题，当前与社会资本融合更是大势所趋，也让每一个人分享基建的红利变得近在咫尺，濮阳无水港项目就是一个典型的案例。濮阳无水港项目体现了社会资本参与地方政府基础设施建设的优势，体现了政信金融产品的投资优势，既充分利用社会资本提升了当地的就业和经济水平，也为项目的投资人带来了丰厚且稳健的投资收益。

（一）濮阳市无水港项目：政府搭台企业唱戏

濮阳市地理位置优越，处于中原经济区、京津冀经济区和山东半岛蓝色经济区的交汇处，是河南省距离港口最近、最便捷的省辖市，也是中原经济区重要的出海通道和对外开放的前沿城市。濮阳市政府深入实施“大枢纽、大物流、大产业、大城市”的城市发展思路，打造濮阳市无水港项目（见图 5-3）。

图 5-3　濮阳市工业项目

资料来源：中国新闻图片网。

1. 借力社会资本方打造濮阳无水港

无水港是在内陆地区建立的具有报关、报验、签发提单等港口服务功能的物流中心，其实质是港口功能在内陆的延伸，用来争取广阔的经济腹地和货源。

濮阳市是中原经济区出海通道、陆海联运节点城市，与世界 135 个国家和地区有贸易往来，其中“一带一路”沿线国家和地区达 51 个，努力打造装箱、报关、报检、定船等“一站式”闭环服务平台。

目前，濮阳市拥有进出口经营权的企业 1088 家，通过打造无水港，能最大限度地降低外贸进出口企业成本，缩短受理业务的时间。同时，无水港能够吸引周边货源，在短时间内形成辐射冀鲁豫三省的区域性物流中心，拉动与港口物流有关的装卸、仓储、包装、运输、港口机械制造等产业的发展，带动本地的贸易、金融、保险、信息、旅游业的发展。

濮阳无水港项目通过与社会资本方合作，充分发动社会力量为濮阳市无水港提供充分的项目咨询、设计支持和资金保障，帮助濮阳市构建配套支持政策体系，为无水港项目顺利推进创造良好的外部政策条件。

2. 石油类资源型城市转型

城市转型尤其是资源型城市转型，是当前国内众多城市普遍面临的一个难题，濮阳就是一个成功转型的城市。濮阳市是典型的石油类资源型城市。近年来，随着石油储量的减少及新能源的开发，石油产业的经济支柱作用渐弱，濮阳市面临城市转型需求。无水港项目的发展旨在利用濮阳区位优势，凝聚物流要素，汇集资源，孵化产业，带动经济转型发展。

依托濮阳市无水港项目，将形成郑州、石家庄、济南等城市经济联动，促进濮阳市化工产业、装备制造产业、食品加工产业、现代家居、羽绒服饰、电子电气及其后续孵化产业与无水港深度融合，以物流提升第一、第二产业经济效益，增加第三产业融合的溢出效益。

无水港项目补齐了濮阳市现有产业的要素流通“短板”，将发挥以下功能：①国际港口服务。无水港设有海关、检验检疫以及结汇银行、保险公司、船务公司及船运代理等外运服务机构，提供国际港口服务。②货物集散服务。无水港将需要发出的零散货物集中、分类、组配，直接换装并批量运出，发展集装箱多式联运。③货物中转服务。连接各种运输方式，实现多式联运。④增值服务。可衍生商品的打托、缠膜、加固等增值服务。⑤商贸流通服务。无水港及周边可以设置专业化的流通市场，形成区域性采购中心。⑥物流信息服务。通过自身物流信息平台，为客户提供物流信息查询服务。⑦商品展示交流服务。无水港设立商品展示平台，为企业提供商品展示、贸易交流服务。⑧物流金融服务。开展仓单质押、期货监管等业务。⑨天津港优势服务。将粮食、平行进口汽车、邮轮等天津港的优势服务功能尽快向濮阳延伸。

濮阳市发展无水港具有得天独厚的条件，是极具吸引力的投资热土和创业乐园。濮阳市市长表示，将认真对接每一位投资者、每一个项目，提供全程保姆式服务。

（二）交通基建投资稳增长，社会资本分享市场盛宴

无水港的建立将为公路、铁路等交通设施的快速发展提供推力，加速构建地区性交通枢纽，打造现代物流业基地。

交通运输是国民经济的基础性、先导性、战略性产业。目前，我国正在大力推进高速铁路建设，完善高速公路网络和运输机场功能布局，构建高品质综合交通骨干网络。

交通基础设施建设是稳投资的重要发力点，配套的各类财政及金融政策也陆续出台。地方交通专项债发行加速，政府通过投资来稳增长的意图明显。交通基础设施建设具有公益性强、投资金额大、建设周期长等特征，仅仅依靠财政资金远远不能满足与日俱增的投资需求。因此，中央政府开始运用和推广政府和社会资本合作模式，让社会资本进入交通运输领域。

社会资本具有资金、技术和管理上的多重优势。为了降低投融资风险、提高投资收益，社会资本有强大的动力和积极性节约建设资金和运营成本。

在当前经济新常态下，面对交通运输行业万亿级的市场机会及相对稳定的回报收益，国内外许多社会资本已经摩拳擦掌。产业链上的建筑施工企业、工程设计公司、运营企业、财务投资者、金融机构等市场主体都有进军交通运输基础设施建设领域的意向，而且很多企业已经参与其中。

相对于民营企业，市场化运作的国有企业作为“社会资本”参与地方基础设施建设具备较好的优势。在中国特殊国情下，国有企业在基础设施与公共服务领域具有扎实的实践经验，以及较好的投资、建设与运营项目的经验，既能发挥市场的资源配置作用，又能更好地承担公共服务职能。同时，国有企业与地方政府具备较好的沟通条件和业务操作上的便利。相对于民营企业，国有企业具备较好的资信等级，容易获得金融机构和社会投资人的青睐，更好嫁接资本与地方建设，因此国有企业参与基础设施建设深受地方政府欢迎。

为了构建更利于社会资本进入的融资制度，市场需要灵活运用金融工具。其中包括但不限于产业引导基金、商业银行贷款、融资租赁、政策性银行贷款、保险、信托计划等，可以根据项目的全生命周期，从前期开发到投资运营，再到产生稳定的现金流，分阶段开发出适应项目特点的融资工具，多方位拓宽融资渠道。其中，市场化运作的国有企业，由于有着国有的股东背景、更多的让利空间、更佳的与地方政府谈判地位、更优的企业经营信誉，其投资的项目也更稳健，收益也更高。

二、新产业、新生活、新财富

《2019 胡润中国 500 强民营企业》显示，传统的地产、消费、金融等民营企业正在减少，中国民营企业 500 强有一半的企业已经是新兴产业。500 强中，涵盖新兴产业的企业达 238 家，占比 47%，以阿里巴巴和腾讯为首。“新兴产业”涵盖节能环保、新兴信息产业、生物产业、新能源、新能源汽车、高端装备制造业和新材料等。

榜单中，涉及新兴产业的企业，主要集中在先进制造、大健康、传媒和娱乐以及电子商务等领域，分别有 73 家、66 家、31 家、18 家。新兴产业已经在中国经济中占据重要位置，将为我们的生活带来翻天覆地的变化，并对我们的财富重新洗牌。

贵州百鸟河数字小镇项目就是基于当地政信优势，以大数据为主，融合了新兴信息产业和先进制造产业的战略性新兴产业项目，通过新的产业规划，为当地带来了新的经济和生活业态，也为当地人民及参与项目建设的社会资本带来了新的财富。

（一）百鸟河数字小镇：社会资本助力产业升级

贵州省自 2013 年扛起“大数据”战略的大旗，走在了全国前列，为大数据国家战略的实施提供了实战案例，其中又以贵阳最为突出。贵阳发展大数据具有天然的优势，已经成为除自然生态、文化旅游外，贵阳又一张亮丽的名片。

简单来看，贵州发展大数据有以下优势：一是环境优势，山地的气候环境和优良的生态环境，为发展大数据基础设施提供了独特的优良环境。二是能源优势，水煤资源丰富，为大数据企业提供廉价、稳定的电力资源。三是交通优势，持续优化的交通条件，使贵州省经济走廊的地位进一步凸显。四是战略优势，具有西部重要增长极、内陆开放新高地的战略定位优势。

黔南州委、州政府和惠水县委、县政府共同规划建设了一个以“互联网+大数据应用”为引领的新型产业园——百鸟河数字小镇。该小镇构建以创客村、汇智村等为主体的“一镇七村”产业布局，搭建“互联网+大数据应用”创业创新平台，建设大数据产业发展基地（见图 5-4）。

图 5-4　百鸟河全国信息化大会

资料来源：中国新闻图片网。

百鸟河数字小镇位于惠水县百鸟河自然风景区内，惠水县城西部，总规划面积 18 平方千米，起步区百鸟河核心区域 5 平方千米。园区内主要为大数据产业、教育文化产业、健康养老产业、文化旅游产业等新兴产业。百鸟河数字小镇的发展目标是通过 3~5 年的努力，建设一个以生态为基础、以生活为中心、融生产与生活的“三生”数字化小镇，实现产值百亿元，实现人口聚集 3 万~5 万人。

为实现企业聚合和人才聚集，百鸟河数字小镇“双创园（创意创客空间和青年创新创业园）”将企业总部经济作为主要的招商引资对象，创新引进大数据产业集团企业，引领助推大数据产业与大健康、大教育、大扶贫深度融合。重点引进国内外信息产业技术人员到基地创业，引进、培育、扶持一批高新技术企业做大做强，形成特色鲜明、功能完善、实力强大的信息产业园和应用示范区。

如今，百鸟河数字小镇基础设施基本完善，成功引进百度、印孚瑟斯、联想控股等大批国内国际著名的大数据企业，产业发展初具规模。“双创园”已签约入驻腾瑞丰、瑞和集团、绿色科技集团、汇付天下贵州总部、联科科技等总部经济和中国网库、家有在线、富美康、上海股交所、华创证券等大数据及关联产业 20 余家。

与此同时，大生态、大健康、大教育、大扶贫等理念和产业在这里实现了有机的融合和统一，并有力推动着小镇向国际知名、国内一流的产业小镇、文化小镇、旅游小镇大步迈进。

为了使百鸟河数字小镇发展活力进一步增强，当地搭建贵州惠水百鸟河数字小镇投资开发有限公司平台，以公司为主开展融资、投资、管理等工作，实现市场化经营。多家央企、国企、上市公司和台资企业参与了小镇的建设，相关产业也对当地百姓和项目投资人的财富产生了巨大影响。

（二）新兴产业带来新的财富大洗牌

随着数字经济的兴起，我们正迎来一个科技创富的新时代。

“康波理论”在60年的长周期上，将经济分为繁荣、衰退、萧条、回升四个阶段，以创新性和颠覆性的技术变革为起点，前20年左右是繁荣期，接着进入5~10年的衰退期，之后的10~15年是萧条期，最后进入10~15年左右的回升期，孕育下一次重大技术创新的出现。自19世纪60年代工业革命以来，全球已经经历了四轮完整的康波周期。如今经济已经处于萧条期，未来5G将和云计算、大数据、人工智能、区块链等新技术联合起来，共同促进传统产业升级变革。

厉以宁先生曾经说过：“任何国家在经济发展的过程中，都会遇到原有的发展方式逐渐不再适应新形势的问题。”经济继续转型，产业升级是每一个走上工业化道路的国家必须经历的一个阶段，在这个转变中，谁有实力，谁有眼光，谁就将继续走在世界经济的前列。

战略性新兴产业代表新一轮科技革命和产业变革的方向，是培育发展新动能、获取未来竞争新优势的关键领域。而战略性新兴产业依靠的基础设施建设，需要和政信结合起来。在建设类似百鸟河数字小镇这样的项目过程中，地方政府主导建设，催生了强大的政信融资业务需求。随着改革的深入，与社会资本合作将进一步加深，为民营企业进入基础建设等领域提供通道，民间资本的力量将得到更大限度的释放，市场进行资源配置的效率也将大大提升，随之会产生新的造富机会。

改革开放40多年间，中国至少发生过三次财富洗牌，包括20世纪90年代的下海潮，诞生了第一批民营企业家；21世纪初，成就了资本和房地产大佬。目前第三次财富洗牌正在发生，是新投资思维对旧思维的一次洗牌。综合各大研究机构分析，全球未来巨大潜力的新材料、生物制药、新能源、新网络、新文旅、物联网等十大行业，与国资、与地方政府深度结合是趋势。立足新兴产业，立足政信，找准投资高地，才能在财富再分配中成为成功者。

三、城市让生活更美好

无论是党的十九大会议报告，还是每年的两会政府工作报告，农村、农民和城镇化问题都是重要的内容，《国家新型城镇化规划》也已经发布，如何推动城镇化在未来相当长时间内将仍是重要课题。《国家新型城镇化规划》提出，推进符合条件农业转移人口落户城镇，推进农业转移人口享有城镇基本公共服务，优化提升东部地区城市群并培育发展中西部地区城市群，强化综合交通运输网络支撑，提升城市基本公共服务水平，以实现人们的物质生活更加殷实充裕、精神生活更加丰富多彩的目的。

而要实现城镇化，要提升城市的服务功能，就要强化综合交通运输网络支撑，如城市轨道交通建设等；就要加强市政公用设施建设，如城市地下管网综合管廊建设等；就要完善基本公共服务体系，如统筹布局建设学校、医疗卫生机构、文化设施、体育场所等。而这些大规模的基础设置建设，毫无疑问将会消耗大量的货币资金，而社会资本的引入，既解决了巨量的资金需求，也为社会资本带来了不菲的收益，同时由于这些项目具有政府信用背书的特殊属性，风险非常小。

蓟州作为一个有着5000年历史的名城，历经兴衰。近些年，伴随着国家以及天津市的城市化建设，蓟州城市建设走上了“快车道”，蓟县新城示范小城镇项目开展得如火如荼，成为蓟州城市建设的一大亮点。

（一）蓟州的历史：5000年历史重镇

蓟州素有“畿东锁钥”之称，为历代兵家必争之地。南宋诗人文天祥写出“一朝渔阳动鼙鼓，大江以北无坚城”诗句，道出了这里战略地位的重要性。

从隋唐到明清近千年的政治文化史上，蓟州的名字是北方郡县中出现频率最高的地方。春秋时期，山戎部落从这里进犯齐、燕。战国时期，齐、燕两国在此战事不断。汉“飞将军”李广为右北平郡太守，就驻守在这里抵御匈奴，并筑右北平城。东汉末期，曹操北征乌桓途经这里。宋辽金时期，这里是三方争夺对峙的重要战场。明代，这里是北方的重要防线，戚继光任蓟镇总兵，在此驻守 16 年。

蓟州西襟北京，南连天津，东临唐山，北靠承德，为四市的腹心地区，又属于京津“一小时经济圈”内，地理位置优越。随着蓟州高铁站的开通，蓟州的发展前景光明。

（二）蓟州的现在：以产兴城、以城促产

随着改革开放，蓟州凭借自身优势，靠丰厚的历史遗产和青山绿水，以观光旅游业为主，发家致富，成为天津市美丽的后花园和全国著名景区。同时，蓟州以城乡统筹、产城融合、职住平衡为原则，坚持产业与城市平衡发展，合力打造宜商宜职、宜养宜居的现代活力新城。

蓟州坚持以产兴城、以城促产，规划“一城两园四镇”的发展空间格局：蓟州新城、京津州河科技产业园、盘山文化产业园、下营、邦均、上仓、马伸桥四个中心镇。作为加快蓟州区农村城市化进程、改善当地人居环境的重大利好工程——天津市蓟县新城示范小城镇项目（见图 5-5），是根据《国家新型城镇化规划（2014~2020 年）》要求，经天津市发改委申报、国家发改委审批的全国 62 个新型城镇化综合试点之一。

蓟州区作为一座正在崛起的生态之城，凭借独特的区位优势，被列为全国生态示范区、全国首家绿色食品示范区、第一批国家新型城镇化综合试点地区。因此，作为蓟州重点项目的新城示范小镇建设项目获得了各方支持，其中包括政府专项债券、信托公司、社会资本等资金支持。蓟州区抢抓京津冀协同发展机遇，利用独特的优势，继续坚持以供给侧结构性改革为主线，做强新兴工业，做精休闲旅游，做大高端服务业。蓟州区新城示范小城镇项目建设规模大、涉及居民广，对当地经济发展和生态环境治理具有重大意义。

图 5-5　蓟县城建

资料来源：图虫网。

（三）蓟州的棚改：与城镇综合开发藏机遇

近几年，蓟州正在开展水源保护工程，通过于桥水库南岸邻水村的移民搬迁和原宅基地的复绿工程，确保天津“大水缸”的水质安全（见图 5-6）。天津蓟州新城示范小城镇项目是村民易地搬迁的工程之一，一期已顺利完成，实现复垦农田 542 亩、还迁房竣工 346 万平方米、市政道路完工 34 千米。

图 5-6　于桥水库

资料来源：中国新闻图片网。

这个项目是加快蓟州区农村城市化进程、改善当地人居环境的重大利好工程。项目建设规模大、涉及居民广，对当地经济发展和生态环境治理具有重大意义。为保障项目顺利实施，区政府积极通过多种合作模式和金融工具筹措资金。过去几年，由于去库存的需求，产生了棚改货币化安置。如今，去库存目标已经完成，2019 年政府购买棚改服务模式取消，住建部明确棚改项目融资将以发行棚改专项债为主。同时，许多棚改类项目都在使用政府和社会资本合作模式来解决资金问题。企业作为开发主体投入资金，可以大大减轻政府的财政负担，并可以提高土地开发效率和项目绩效。

由政府主导的投融资项目具有短期内资金缺口大、公益性强、现金流有限、需要筹建工程管理团队及专业运营团队等特性，使项目具有资金缺口、运营能力差等诸多不足。采取政府和社会资本合作模式，通过专项债+社会资本形成结构化融资，对于各方来说都能降低风险，减轻压力。企业负责项目的运作实施，双方共同入股参与土地开发，并按照各自投资股份的比例来分配未来的土地开发收益和投资风险，能大大降低政府的支出压力。

随着城镇化的深入推广，城镇综合开发类项目的数量和投资规模也在逐步扩大，甚至出现了超越其他领域的发展势头。为突破传统投融资模式的限制，与社会资本方合作将成为地方政府进行城镇综合开发类项目的重要选择，也为投资人带来巨大的财富机遇。

（四）城镇化建设中的其他机遇

1. 地下综合管廊工程

每年夏日，我国降水范围扩大，会造成部分地区民众受灾以及巨大的财产损失。暴雨、地质灾害以及山洪考验着地方市政基础设施。

和高楼大厦、立交桥相比，城市排水管网埋在地下，对城市外观形象不能很好加分，所以很多地方对相关建设不重视，希望用最少的投资来解决排水问题。排水系统滞后成为国内城市建设中一项公认的“短板”，碰到暴雨灾害天气，这个“短板”会狠狠打脸城市建设和管理。

如今，国家层面有关地下管廊建设的政策不断细化，引入社会资本参与城镇建设日渐被重视。《国家新型城镇化规划》也提到，推行城市综合管廊，新建城市主干道路、城市新区、各类园区应实行城市地下管网综合管廊模式。

地下综合管廊工程是衡量城市文明程度的重要标志，是重要的基础设施工程，具有一次性投资大、投资回收期长、公益性和社会效应突出等特点，国务院办公厅下发了《关于推进城市地下综合管廊建设的指导意见》，提倡综合管廊建设应优先考虑引入社会资本。目前，许多地方在重大水利工程领域正在探索引入社会资本，并取得了较好的结果，地下管廊建设也稳步推进。如今，社会资本逐渐成为政府解决基建设施融资的重要途径，相关项目也备受资本青睐。而我国的城镇化建设、城市现代化建设还有很长的路要走，还有很大的市场空间，其中作为不可忽视的地下综合管廊工程，同样也是未来政信投资的一个重要方向。

2. 城市轨道交通工程

2001 年，我国轨道交通领域第一个 SPV 公司——北京东直门机场快速轨道有限公司成立（见图 5-7），此后社会资本进入城市轨道交通领域经历了开创探索阶段、试点发展阶段和推广发展阶段。在 2003 年以前，我国轨道交通领域引入社会资本处于开创和探索性阶段。2003～2014 年，我国轨道交通进入试点发展阶段，其中典型案例是北京市轨道交通 4 号线工程、北京市轨道交通 16 号线工程。从 2014 年至今，我国轨道交通领域引入社会资本已经较为普遍，典型案例有北京新机场线工程、福建地铁 2 号线工程等。

近年来，我国政府加大基础设施建设力度，符合城轨建设要求的地方政府也均开始筹建轨道交通，中国已成为世界上城市轨道交通发展最快的国家。尤其进入 2020 年，新冠疫情影响了国内众多行业，经济下行明显，国家重启新基建，“城际高速铁路和轨道交通”成为“新基

图 5-7 北京地铁首都机场线

资料来源：中国新闻图片网。

建”七大领域之一，徐州、合肥、深圳等城市多条线路获批，总投资达到数千亿元，是名副其实的政信金矿。

城市轨道交通领域实现了社会资本的有效参与，有利于推动市场合理配置资源，提高资金使用效率，推动投资主体多元化。综合国际国内相关领域的理论和实践研究成果，轨道交通采用政府和社会资本合作模式投资建设运营是有良好效果的。

另外，随着我国政府和社会资本合作领域的理论、政策和法律体系的完善，必将为社会资本提供更广阔的发展空间。借助中央加大地方债发行力度的机会，也是推进社会资本参与民生工程项目的重要时机，为大众投资开辟了新的路径。

四、美丽新农村，美丽新机遇

在党的十九大报告中，习近平总书记首次提出了“实施乡村振兴战略”，指出：“农业农村农民问题是关系国计民生的根本性问题，必须始终把解决好‘三农’问题作为全党工作重中之重。”并提出要坚持农业农村优先发展，加快推进农业农村现代化。随着国家经济社会改革的深入，“三农”的改革正在不断加快，农村的投资价值也不断被挖掘，农村农业正在成为一个更大的投资增长点。

实施乡村振兴战略，为新农村建设带来新的机遇，包括精准扶贫带来的投资机遇、乡村振兴中的投资机会、乡村文化旅游的投资机会等金矿等待社会资本的挖掘。搭乘新农村建设特快列车，能够在未来获取更多的新财富。

（一）贵州惠水好花红景区：布依族的 AAAA 景区

“好花红勒，好花红勒，好花开在刺梨蓬。好花开在刺梨上，哪朵向阳哪朵红……”这是一首布依族民歌——《好花红》，内容朴实、曲调优美，在贵州省惠水县已经传唱百余年。

1956 年，惠水县毛象乡，秦跃珍、王琴慧两位歌手在全国第二届民间音乐舞蹈艺术汇演中演唱了《好花红》，受到亿万人的热烈欢迎，后来这首歌成为“布依族会歌”。

2002 年 2 月，经省政府批准，《好花红》歌曲发源地贵州惠水县原毛家苑乡更名为“好花红乡”，后又更名为“好花红镇”。中国以歌名作为行政区域名称，仅此一例。惠水县人民政府还为《好花红》申请办理了版权注册手续，布依人对《好花红》的钟爱可见一斑。

如今，贵州惠水县好花红镇，一个国家 AAAA 级乡村旅游度假区——好花红景区（见图 5-8）已经建设起来。好花红乡村旅游景区位于惠水县城南 17 千米的涟江河畔，总面积约 5 平方千米。景区有金桔园林、天下第一堂屋——布依情博物馆、辉岩大桥、布依长廊、偏坡田、中华第一布依堂屋、千户布依寨、桔乡花海、兰花馆、叶辛书屋、音乐小镇、连心玻璃桥等景点。

图 5-8 贵州好花红景区

资料来源：中国新闻图片网。

旅游度假区项目所在的好花红村是一个以布依族为主的少数民族聚居村落，共 14 个村民小组、18 个自然村寨，其中布依族 2867 人，占全村总人口的 96%。该村有“中国金钱桔之乡”“好花红民歌发源地”“中华布依第一堂屋”三块金字招牌。

好花红乡村旅游景区是一个集乡村回归游、民族文化游、电子商务游、农耕体验游、康体休闲游、农业观光游“六游”为一体的乡村旅游示范景区。这里是惠水著名的“文化之乡”“山歌之乡”“金钱桔之乡”。

（二）乡村振兴、精准扶贫带来投资机遇

近些年，“乡村振兴”“脱贫攻坚”等成为政府工作、社会经济中的高频词汇，政府大力实施乡村振兴战略的态度和决心，也在各类政策当中表现了出来。乡村是一个可以大有作为的广阔天地，将迎来难得的发展机遇。

乡村振兴战略的本质在于增强农村产业基础，将为土地改革、农业规模化经营、基础设施建设、三产融合等领域带来投资机会。乡村振兴战略将成为很长一段时间内我国“三农”工作的总纲领，是推进农业农村现代化建设的总抓手。

正是在乡村振兴战略的指导下，贵州惠水好花红景区将旅游和农业结合，开发了好花红花卉苗木产业园项目。

好花红花卉苗木产业园，又叫三角梅园，是好花红镇党委政府借助脱贫攻坚秋季攻势，特意打造的桔乡花海二期工程，共680亩。其中，花卉种植区150亩、生产加工区350亩，婚庆广场区100亩，产品展销体验区80亩。

好花红镇党委政府按照“美在自然景观带、富在花卉苗木中”的思路，采取“支部引领、企业带动、农民参与、科技立园、市场运作”的建设模式、“企业+合作社（农户）”的园区运行机制、“公司+农户”种植模式，鼓励贫困群众参与园区建设，同时，由公司提供种苗、肥料等生产物资及进行技术支持，带动贫困户参与种植，产品由公司定价收购统一销售，每户种植3~5亩，亩产值8000元，可实现每户年收入1.2万~2万元。

在短短的时间内，传统的玉米地变成了一望无垠的花海，村中的百姓变成了工人。好花红花卉苗木产业园大量用工，带动当地贫困户就业。最终，三角梅、格桑花、彼岸花竞相开放，不仅成为好花红景区新增的一大亮点，更是帮助贫困群众脱贫致富、精准扶贫的经典项目。

好花红花卉苗木产业园项目、好花红景区项目的设计、实施、运营离不开社会资本的参与，是典型的乡村振兴的标杆，也为政信投资参与乡村振兴、精准扶贫项目起到参考作用。通过政信参与的方式，脱贫攻坚的力度不断加大，贫困地区基础设施、公共服务得以显著改善。未来的投资机遇在于把握政信，深入国家政策重点支持区域，充分运用资源、业务、资金等优势，帮助地方政府打造特色产业生态链，助力贫困地区，振兴国家乡村，而政信也将给予投资人优厚的回报。

（三）文化旅游金矿等待社会资本挖掘

旅游是惠水的一大支持产业，形成了比较完整的产业链。酒店、交通、景区服务等已经初具规模。其中好花红景区依托涟江下游自然景观（见图 5-9），以布依族古老文化为展示核心，以一年四季各种花卉开放为特色，带动周边人群的旅游。每年的 2～3 月是花卉开放的旺季，游客最多。

图 5-9　涟江下游自然景观

资料来源：中国新闻图片网。

惠水人对家乡有很强的眷恋，随着东部沿海地区就业机会减少，一些外出务工人员开始陆续返乡参与到当地旅游项目中。

为了引入资金对项目进行建设，好花红与社会资本方合作，为景区的智能停车场、民宿民居建设、河道及河岸景观改造等出资出力。

景区的打造、相关的拆迁工作需要大量资金，惠水县城周边 9 个乡镇，拆迁范围大，拆迁户较多，当地按照人均 30 万元的标准将资金给到拆迁家庭。在社会资本方的支持下，惠水的旅游、拆迁工作有条不紊地进行。文化旅游为惠水带来了生机，也为百姓提供了工作、投资的机会。

2009 年，国家正式将文化产业和旅游业上升为国家战略，文化旅游项目异军突起。2018 年文化旅游部组建，文旅发展迎来新机遇。文旅是朝阳产业，有专家认为，未来十年，我国文旅市场规模预计达到 30 万亿~50 万亿元。文旅产业能够有效发挥区域文化及旅游资源优势，随着中央层面对文旅产业越来越重视，包括《关于在旅游领域推广政府和社会资本合作模式的指导意见》在内的各种利好政策出台，未来文旅产业面临巨大的机遇。

文旅产业作为实施乡村振兴战略的重要抓手，能够有效发挥区域文化及旅游资源优势，让区域内的绿水青山成为真正的“金山银山”。随着经济格局的变化，传统房地产公司也纷纷转型，跨界发展多元化模式，大力推动文化旅游地产建设。

文旅产业对传统产业结构转型起到了有力的推动作用，其发展能够有效拉动城市消费市场，完善当地经济布局。精品旅游城市、旅游综合体、特色旅游小镇、乡村旅游风光将成为主要卖点。

文化旅游项目不能完全进行市场化，因为私人部门的逐利性可能会导致对文化资源的过度开发，损害其可持续性。因此，早期大部分文化旅游项目的开发运营主体都是地方政府，即主要是通过政府财政来进行建设。

同时，文旅项目涉及面非常广，需要大量的人力、物力和资金投入，因此无论是开发还是运维均需要较高的融资能力及管理能力。另外，文化旅游项目中后期的运营和管理工作都需要非常优秀和专业的团队，以及优秀的经营和管理理念，这些都不是政府部门管理人员所具备的。

由于地方财政收入困境以及相关管理理念的提升，以及文化旅游行业的竞争日趋激烈，文化旅游开发运营所需的团队越来越专业化。通过政府与社会资本合作进行融资和管理，以提升文化旅游项目的开发运营效率与效果，正被社会各界看好并广泛关注。

旅游业是收益可预期的领域，相关项目深受社会资本青睐。相比于一般的基础设施建设，文化旅游项目投资规模大、回收周期长，在政府支出能力有限的情况下，与社会资本合作，能够有效发挥多方综合优势，降低旅游项目的开发运营成本，并为当地百姓带来投资回报。通过多主体的方式分担风险，也逐渐成为地方政府发展文旅产业的重要抓手。

五、政信出海串联“一带一路”财富

“一带一路”是“丝绸之路经济带”和“21 世纪海上丝绸之路”的简称，是中国国家主席习近平于 2013 年 9 月、10 月分别提出的合作倡议。其贯穿亚欧非大陆，会员覆盖 136 个国家或地区，陆上依托国际大通道，海上以重点港口为节点。我国以“一带一路”倡议为统领，秉持共商、共建、共享的原则，坚持企业主体、绿色永续、开放平衡、互利共赢的原则，同沿线国家一道推动产能合作，取得丰硕成果。

2016 年 11 月 17 日，联合国大会举行全体会议，提出支持“一带一路”等经济合作倡议，呼吁国家社会为“一带一路”的推进提供安全保障。2017 年 3 月 17 日，联合国安理会又做出决定，欢迎“一带一路”等经济合作倡议。“一带一路”在国际上的势头已经形成。

随着“一带一路”倡议的推进，中国境外投资规模不断扩大，“走出去”的中国企业越来越多，国企、央企成为参与“一带一路”建设的重要力量。比如，中广核等核电建设企业在欧洲运用“华龙一号”的自主创新技术，建造新一代核电站；中交建等基建企业依托绞吸式挖泥船等大型装备，在港口建设和填海造陆方面取得了辉煌成就；国家领导人带头到各国“推销”高铁，为中国科技、资本出海增添了政信力量。国家在“一带一路”建设的过程中，央企、国企发挥了巨大的作用，但广阔的市场也同样吸引了更多社会资本的加入。

（一）国企运营“一带一路”项目：阿尔巴尼亚首都地拉那国际机场

地拉那国际机场（见图5-10）是连接欧洲和巴尔干半岛最重要的交通运输线，阿尔巴尼亚政府非常重视，计划将它建设为具有欧洲标准的国际机场。因政府融资能力有限，阿尔巴尼亚政府选择采用和社会资本合作的模式来开展建设。

图5-10 阿尔巴尼亚首都地拉那

资料来源：图虫网。

2004年12月，阿尔巴尼亚政府与社会资本签订20年期的特许经营合约，以BOOT（建设—拥有—经营—转让）形式转让给由数家航空公司和金融机构组成的德国—美国合资的公司。2005年5月6日，第一期改扩建工程实施，项目投资共5000万欧元，主要资金来源于项目贷款。其中，欧洲复兴开发银行向地拉那国际机场项目提供了2260万欧元贷款，DEG银行、阿尔法银行和美国阿尔巴尼亚银行提供了2430

万欧元贷款。2005 年 11 月，机场公路通车；2007 年 3 月 21 日，新航站楼竣工。

本项目是典型的特许权模式，地拉那机场合作伙伴 TAP 获得机场收入，并承担作为私营部门的责任。20 年后，机场运营及相关业务将转交给阿尔巴尼亚公共工程和交通运输部。

2016 年 10 月，中国光大集团下属光大控股有限公司管理的光大海外基础设施基金收购地拉那国际机场 100%股权，获得地拉那国际机场的特许经营权至 2027 年。光大控股首席执行官陈爽表示："光大控股正在筹建光大海外基础设施基金，并放眼全球基础建设的机会，这次收购地拉那国际机场乃重要的第一步，可为公司和股东带来稳定的现金流和良好的投资回报。"

2016~2019 年，地拉那国际机场客流量增长 50%，成为欧洲客流量增长最快的机场之一，该机场也成为中国与阿尔巴尼亚共建"一带一路"的成功案例。

（二）"一带一路"中的投资机会

1. "一带一路"的空间布局：五大方向

"一带一路"倡议结合古代陆海丝绸之路走向，在空间布局上勾画了五大方向。其中，"丝绸之路经济带"锁定三大走向——从中国西北、东北经中亚、俄罗斯至欧洲、波罗的海；从中国西北经中亚、西亚至波斯湾、地中海；从中国西南经中南半岛至印度洋。21 世纪海上丝绸之路瞄准两大走向——从中国沿海港口过南海，经马六甲海峡到印度洋，延伸至欧洲；从中国沿海港口过南海，向南太平洋延伸。

根据这五大方向，"六廊六路多国多港"的合作框架也已经形成。六大经济走廊是指中蒙俄、新亚欧大陆桥、中国—中亚—西亚、中国—中南半岛、中巴、孟中印缅六大经济走廊建设。"六路"指铁路、公路、航运、航空、管道和空间综合信息网络。"多国"指一批先期合作国家。"多港"指若干保障海上运输大通道安全畅通的合作港口。

“一带一路”区域内的国家很多资源要素禀赋是互补的，相互之间的投资和贸易潜力巨大。数据显示，2013~2018 年，中国对“一带一路”沿线国家直接投资超过 900 亿美元，完成对外承包工程营业额超过 4000 亿美元，在沿线国家建立了 82 个经贸合作区，总投资超过了 300 亿美元。截至 2019 年第一季度，中国进出口银行支持“一带一路”建设贷款余额超过 1 万亿元（约 1545 亿美元）。

2. “一带一路”中的机遇：PPP 模式成重要推动力

国家发改委、外交部、商务部 2015 年联合发布《推动共建丝绸之路经济带和 21 世纪海上丝绸之路的愿景与行动》，文件明确提出，基础设施互联互通是“一带一路”建设的首要领域。

“一带一路”沿线国家普遍存在基础设施建设投资需求，但仅靠财政体系支持难以满足资金需求，基础设施的公益性又决定其不可能全部由社会资本承担，这就给 PPP 模式带来了机遇。目前“一带一路”沿线 PPP 项目涉及油气、电力、安居工程、通信、交通运输、水利和采矿等领域，PPP 模式已逐渐成为“一带一路”建设的重要力量，也成为国内社会资本的一个重要投资方向。

在海外 PPP 项目投资建设过程中，无论是社会资本，还是项目的运营方和施工方，既要看到“一带一路”的投资机会，也要谨慎选择具体的投资项目，可以优先选择和我国或其他国家签订投资保护协定的国家，选择法律和流程相对比较成熟、透明，且投资需求大，欢迎国际投资的国家。在项目层面，优先选择“一带一路”框架或两国双边合作框架下的项目。缘由是：首先我国政府对对方政府具有影响力，其次国际多边金融机构支持此类项目，再次我国国内也有许多支持政策。

3. “一带一路”建设的资金缺口：要由民间资本来弥补

这些年来，中央企业在“走出去”过程中的年均投资增长 15%，年均销售收入增长 4.5%。这些项目里面，很大部分在“一带一路”沿线上。随着“一带一路”沿线基础设施建设的不断展开，投资项目的不断落地，和当地企业的融合不断深化，投资也不断深化和扩展。

随着“一带一路”项目的不断落地，资金的需求与日俱增，“一带一路”基础设施项目建设的资金来源主要有以下几个渠道：一是企业自有的资本金；二是和合作方共同出资；三是基金和当地一些资金，或者其他来源；四是对已建成的项目感兴趣的资金。

由于多种原因，“一带一路”沿线国家开展基础设施建设的资金缺口较大，必须积极推动投融资模式创新，为基础设施互联互通提供资金保障。2017 年初，国家发改委会同 13 个部门建立“一带一路”PPP（政府和社会资本合作）工作机制，在沿线国家推广 PPP 模式。国家通过设立丝路基金和亚投行的方式为“一带一路”建设提供资金。

在构建“一带一路”多元投融资体系建设过程中，可以充分发挥 PPP 机制创新的作用，弥补“一带一路”的资金缺口。“一带一路”建设与 PPP 模式可谓“天作之合”。部分“一带一路”建设项目体量大、投资回收期长，商业之外的不可控、不可知因素比较多，需要创新融资模式，建立长期、稳定、可持续的融资保障体系。在这种情况下，PPP 模式广受推崇，也吸引了更多的民间资本。

第三节　新基建蕴藏大金矿

一、“新基建”火了，财富列车开启

人们通常理解的修桥、铺路、盖房子等都属于基建，具体包括铁路、公路、桥梁、水利工程等，是稳定经济增长和保障就业的重要方式。基础设施投资具有高乘数效应，可以带动 GDP、增加就业、促进

经济发展。例如，2008 年全球金融危机期间推动的大规模基建，有效地释放了中国经济高增长的巨大潜力。

相比消费拉动，基建的投资作用机制更直接、政策见效更快。我国中西部地区、新农村等“短板”领域，基建投资还有较大增长空间。叠加疫情冲击，经济下行压力进一步加大，以基建稳投资进而拉动经济增长的作用将会更加凸显。

随着市场经济的逐步深入，传统基础设施建设的相对完善，及消费升级对产品和环境的更高要求，促使“新基建”逐步登上历史舞台。新基建，全称“新型基础设施建设”，主要包括 5G 基站建设、特高压、城际高速铁路和城市轨道交通、新能源汽车充电桩、大数据中心、人工智能、工业互联网七大领域，涉及诸多产业链，是以新发展理念为引领，以技术创新为驱动，以信息网络为基础，面向高质量发展需要，提供数字转型、智能升级、融合创新等服务的基础设施体系。新基建体现了信息化、科技化和数字化，强调为实体经济发展培育新动能。5G、人工智能、工业互联网、物联网等代表未来经济、生活的方向。

新基建通过高科技大规模应用带来数字经济、带动新的产业发展的逻辑，相比旧基建，带动需求规模更大、带动领域更加广泛，是基建结构性转型的必要方式。新基建本质上是信息数字化的基础设施。它立足于科技端的基础设施建设，可以说既是基建，同时又是新兴产业。与旧基建重资产的特点相比，新基建更多是轻资产、高科技含量、高附加值的发展模式，其涉及的领域大多是中国经济未来发展的“短板”。在经济下行压力加大的情况下，加大新基建投入是维持经济平稳发展的重要办法。总体来看，新基建在提振经济短期表现的同时，也将为经济增长的质量及结构改善提供支撑。

二、40万亿元投资计划，遍地是黄金

2008年9月，国际金融危机全面爆发，中国经济增速快速回落，面临硬着陆的风险。为了应对这种危局，中国政府11月推出了进一步扩大内需、促进经济平稳较快增长的十项措施，到2010年底约需投资4万亿元，因此被称为“四万亿计划”。历史实践表明，“四万亿计划”对我国经济和社会的发展起到了至关重要的作用，对拉动全社会投资和稳定经济发挥了重要作用，积极推进了经济结构战略性调整和发展方式转变，高铁等多项重大基础设施建设稳步推进。

进入2020年，新冠疫情重创全球经济。针对疫情，投资再次被放在了重要位置，各地重点工程的复工及一批2020年省级重点项目名单的下发，各地政府已经陆续推出更庞大的“四万亿”计划，截至2020年3月，各省（市、区）发布的2020年重点项目投资计划清单，超过40万亿元，新基建成了此轮投资中的新宠。

2008年中国经济总量不过30万亿元，如今已是逼近百万亿元的体量。如果想靠投资拉动经济，需要更大规模的资金投入。其中有巨大的资金缺口，将通过引导社会资本进入，来分享红利。在这种情况下，利用社会资本力量来帮助弥补资金缺口，成为各地政府推动“新基建”投资的重要方式。多地政府已经提出要积极发挥社会资金作用，用好地方政府专项债，在房住不炒的总基调下，预期新基建可能会吸引更多的专项债投资。

“新基建”中相当一部分项目是由市场驱动，或者说是市场与政府合力的结果。民间投资在其中声量越来越大。传统基建合作方式是通过政信合作模式切入，而新基建的合作主体更多是集中在各类运营商等中小企业中，相比信托资金，市场化资金投入占比较大，合作模式必将向基金化、多元化的投资手段转变，新的合作模式必将带来新的创新。

第四节　屹立风口，开启下一个十年黄金时代

新基建、新兴产业、新农村、新城建……伴随着我国 2020 年彻底消除贫困，全面建成小康社会，人民日益增长的物质文化需求也促使经济、社会的发展出现了翻天覆地的变化，创新成为时代的代名词，人民的收入多元化、消费多元化、投资也变得多元化。

2014 年 10 月，中央政府出台“43 号文”《关于加强地方政府性债务管理的意见》，对地方政府债务“借”“用”“还”以及如何处理存量债务等重点、难点问题予以明确。政信投资在资本市场的地位越来越凸显，政信金融投资市场的前景也越来越广阔。

为保证地方实体经济发展，中央鼓励地方融资平台公司尽快转型为市场化运营的国有企业，开展市场化融资，同时规范政府与社会资本方的合作行为，引导社会资本投资经济社会发展的重点领域和薄弱环节。

在这样的政策背景下，地方政府以政府信用为基础，或者以市场化的方式，利用多种投融资手段，为地方经济发展寻找资源，国债转贷、城投类企业债券、政府信托、资产证券化、地方政府投融资平台、PPP、政府投资基金等各种创新性政信金融形式得到迅猛发展。转型后的地方融资平台公司及地方国有资产的营运及收入将在地方政府财政中扮演更为重要的角色，而且，最终会成为最重要的主渠道和“钱袋子”。

2019 年 1~12 月，地方政府债券平均发行期限 10.3 年，其中，一般债券 12.1 年，专项债券 9.0 年；平均发行利率 3.47%，其中，一般债券 3.53%，专项债券 3.43%。同时，地方融资平台市场化运作进程加快，发行的私募政信债利率普遍在 7.9%~10%，受到市场热捧。

2019 年 GDP 增长率已经降到了 6.1%，增速创 30 年来新低。在这

种情况下，以政府信用为基础进行融资，扩大基建投资，有助于对冲房地产投资增速下滑的负面拖累，提高经济增长速度。2020 年开始，预计未来 10 年，以专项债、政信私募债为代表的政信金融将大有可为，持续为市场送出红利。

本章结语

春秋战国到明清，从欧洲到美国，古今中外的名门望族、富商巨贾，无一不与政信有着千丝万缕的联系。政信，即政府在政治、经济、社会、文化等方面建设过程中体现出来的与各利益相关方之间形成的信任关系和社会经济关系。同时，政信的维持又离不开货币的参与，离不开政府主导的投融资，也就形成了政信金融。

在我国社会主义现代化经济建设过程中，政信金融较之以前已经发生了很大的变化，已经不再是单打独斗，而是有了众多的参与主体，既有借款方的各级政府及地方平台，也有金融机构、实体企业和个人组成的投资人，还有作为项目管理运营方的政信项目管理人。政信金融需要各参与方通力配合，共同为城市建设、经济发展贡献各自专业的技能，同时也为投资者带来更多的收益。

随着我国城市化进程的逐步加快，政信金融的投资方向也在逐步变化。结合党的十九大精神，及我国“十三五”和“十四五”规划及预测，包括交通、水利、能源、环保、通信等行业在内的大基建，以及 5G 基站建设、特高压、城际高速铁路和城市轨道交通、新能源汽车充电桩、大数据中心、人工智能、工业互联网七大领域的新基建，在未来相当长的时间内，仍将是政信金融的一个最终点的投资方向，相关行业的龙头项目，将为政信金融的投资人带来更加丰厚的投资收益。此外，根据国家相关政策，新兴产业、新城镇建设、新农村建设、“一带一路”将是目前以及未来相当长的一段时间国家财政重点支持的领域，也是政信金融重点投资的领域。

从濮阳市的无水港项目到贵州的百鸟河数字小镇，再到蓟州的于桥水库项目、惠水的好花红景区项目，都是地方各级政府推动的政信项目，都是地方政府与社会资本深度合作的典范，既取得了良好的社会效益，又取得了较好的经济效益，为社会资本及个人投资人带来了不错的投资收益。未来的政信金融项目也同样是以各级地方政府为主，以各级政府的民生项目和高科技项目为主，投资人参与其中，既能为自己城市的发展贡献自己的一份力量，也能通过投资自己的城市项目获得一份稳定的投资收益，同时由于是自己身边的政信项目，投资人能更好地了解项目的进度和项目的风险，更有利于投资人对政信项目做出更全面的综合判断，降低投资的风险，获得更稳健的投资收益。

第六章

挖掘新时代的金矿

这是一个最好的时代，也是一个最坏的时代；

这是希望之春，也是失望之冬；

人们面前应有尽有，人们面前一无所有。

——狄更斯《双城记》

正如狄更斯《双城记》所述，我们生活在一个共赢的时代和国度，这个时代缺的不是机会，而是在正确的认知基础上做出正确的选择，选择对了就是最好的时代，希望之春、应有尽有；选择错了就是最坏的时代，失望之冬、一无所有。

当我们发现金矿的时候，有人能找到挖掘金矿的方法并付诸行动，有些人却无动于衷，只能两手空空，这就是人生的区别。所以，在共赢的时代，选择比努力重要，方向比速度重要。

政信金融，作为新时代金矿，已经为我们指明了方向。但是，这座储量丰富的金矿，我们应该怎样去挖掘，怎样去保值增值，怎样实现几何式增长，还需要认真去学习、去投资、去实践。

第一节 政信金融家族成员

政信金融是金融业的一个细分领域并融于人们的生活中，从 20 世纪 50~60 年代的国库券到 2010 年后的政信信托，再到近几年的地方债和地方政信私募债，从体系到规模都在不断壮大，成为国家金融体系中支持国家建设的重要力量，我国居民也在与国家同步发展过程中获“益”匪浅。

政信金融产品与其他类型金融产品最大的不同是其中的政府信用基因，这是因为政信金融产品发挥的是财政和金融的双重功能，财政体现的是国家经济建设的需要，金融体现的是运用金融工具来解决资金的问题，所以政信金融产品接受财政部门和金融部门两个方面的法律法规及政策的指导、支持，以及约束。

在我国，最大的金矿是国家发展所释放的核聚变式的红利，而这些红利很大的部分是通过政信金融来释放的。作为普通百姓，需要先认识这些政信金融产品才能抓住红利，搭上国家发展的快车。

根据融资主体、资金用途、参与投资主体、担保主体和收益方式的不同，我们将政信金融产品分为政府债券（国债和地方债）、政信信托、政信类资产证券化产品、政信私募债、政府产业投资基金等。

一、政府债券——债券一哥

（一）国债——共和国长子

1. 国债——国家发展的原始资本

中央政府作为国家社会经济治理的领导者和组织者，发展经济需要基础资金，也就是国家建设的启动资金或者叫作原始资本。现代意义上的国债起源是伴随着资本主义生产关系的产生和发展而建立起来的，因为资本主义确立的契约关系使借贷关系能够成立。发行国债的目的很多，不论是为了筹集战争经费，还是和平时期的国家建设，总结起来，需要四个条件，即政府的支出需求、充裕的社会闲置资金、金融机构的存在、完善的信用制度。

具体到我们国家，国债在政信金融家族成员是担当国家建设大任的共和国长子。为了支援人民解放战争，迅速统一全国，安定民生、恢复和发展经济，1950 年中央决定发行“人民胜利折实公债”，保证了中国革命的最终胜利。

在经历了“文化大革命”后，1979 年和 1980 年连续两年出现巨额财政赤字，为弥补国库亏空，国家向老百姓“借钱搞建设”，于 1981 年发行了中国历史上第一张国库券，总额 40 亿元，10 年还本付息，4.8%的年息。当时国库券属于实物券，面向国有企业员工发行，不得买卖。

1988 年，中央放开了上海、合肥等七个城市的国库券转让业务试点，国库券开始可以交易，有交易就有价差，有价差就有套利机会。杨百万就是依靠买卖国库券捞到第一桶金，为未来的财富之路奠定资本。至此，国库券（国债）开始成为人们财富创造的工具。国债是中老年人眼里最放心的投资选择，中老年人经常扎堆儿到银行购买国债（见图 6-1）。

图 6-1　上海市民争相购买国债

资料来源：中国新闻图片网。

改革开放 40 多年来，国债发行规模越来越大，从 1981 年的 40 亿元到现在的数千亿元，发行方式越来越合理，从实物券到凭证式国债到记账式国债，逐步走向无纸化，成为国家财政主要融资手段。

国债成为国家经济建设的顶梁柱，是社会信用的表率，精打细算，把钱都用在家里最急需和最安全的地方，回报像细水长流，从来不失信于人，是政信大家庭成员中可信赖的“债券一哥”。

2. 信用乃立国之本和国家财富之源

国债作为政府筹集财政收入的一种形式，具有安全性高、流动性好的特点，在国民经济运行中发挥着弥补财政赤字、筹集建设资金、调节经济运行和稳定金融市场等方面的作用。

关于国债的安全性毋庸置疑，各国国债是金融机构和个人投资者确保稳健投资收益的“压舱石”。既然国债代表的是国家主权信用，那么当出现政府更迭或者国家领导人更换时，国债是否有效呢？作为老牌资本主义强国——英国让我们见识了世界上硬核的主权信用债券的安全性。

1917 年第一次世界大战的时候，英国发行年化 5%的高利息国债，

10 年后，温斯顿·丘吉尔将这些国债以 4%的利息打包成了合并贷款。在英国面临大萧条、财政紧张的情况下，将一部分永久债变成了同样利息的永续债。也就是说，借款人只要还在偿还利息，就可以永远不偿还本金。到目前为止，英国政府每年都要向永久债券和战时公债的所有人偿还 1.36 亿英镑。历经 100 多年，经历两次世界大战和时代变迁，跨越几十届政府而屹立不倒，英国债券深刻诠释了主权信用的巨大价值。

美国是当今世界最大的经济体，也是世界最大的主权信用债务国。依托世界硬通货币——美元，美国国债具有最强的信用。然而，在 2020 年美国联邦政府因应对新冠疫情不利而引发金融市场强烈动荡，其中令人难以置信的是美国会议员竟然提议“放弃偿还国债来弥补美国的损失”。此消息一出，世界哗然。我们知道美国议员是“醉翁之意不在酒”，其目的是转移国民对抗疫不利的视线。然而，抛却政治因素不考虑，我们确实需要思考一下中国购买的万亿美元国债是否安全。这就是涉及霸权如美国者，其主权信用是否值得信赖的问题。

英国经济学家萨缪尔森曾在美国经济危机时说过：“如果 10 万亿美元，可以买到美元的信用崩塌，做梦都可以笑醒。”美元和美债是一体的，美债赖账，就是美元的信用崩塌，世界经济体大洗牌，重新建立新的世界经济体系，美国辛苦建立的资本主义联盟将土崩瓦解。在世界历史上，曾经赖账的国家都因其主权信用的崩塌而失去公信力，严重影响其国际贸易和经济发展，甚至会因此被债权国发动战争讨债，此种事情在委内瑞拉和苏联曾经发生过。美国如果赖账，美元信用崩塌的后果是什么呢？短期内可能造成美股暴跌，长期可能颠覆美元的霸权地位，所以说赖账是自毁长城的行为，而不仅仅是伤敌一千自损八百的买卖。

由此我们看到，在一国范围内，主权信用是立国之本，是国家发展之源，是国民财富之保障。在世界范围内，主权信用意味着在国际社会的公信力，关系到国际地位和国家长期发展利益。因此，美国不会拿其主权信用做交易，安全性毋庸置疑。

3. 中国国债的安全性植根于政权的稳固性和经济发展的长期稳定性

中国国债的安全性，除了国家主权信用的保证外，其更深层次体现了经济长期向好的稳定性。国债利率相当于国家发展经济的融资成本，如果要实现还本付息，经济发展产生的效益要大于融资成本。从国家未来10~20年的发展预期来看，考虑通胀因素在内，中国的经济增长速度和产出效率大于国债收益率，这样就能保持经济的稳步运行。那么，我国经济长期稳定发展有哪些支持因素？

（1）雄厚的物质基础和完备的产业体系，包括巨大的经济体量、丰富的人力资源、充足的资金供给、完整的产业体系、强大的网络化基础设施。

（2）巨大的市场规模和需求扩张空间，包括不断扩张的消费市场、生产力巨大的提升空间、城乡结构优化的巨大空间、公共服务的巨大空间。

（3）科技革命和新动能的快速成长空间，包括新技术革命激发新动能、新产业新业态新模式激发新动能等。

随着国债交易体制的日臻完善，国债在支持经济建设和稳定金融市场过程中，发挥着更大的作用，持续释放制度和经济发展的红利，成为政信金融家族掌控大局、掌控方向的舵手。

国家稳，则国债稳；国债稳，则民心安；民心安，则国家稳。

（二）地方债——地方政府长子

1. 栽下梧桐树引来金凤凰

我国是中央集权式的行政管理体系，自1994年实行分税制改革以来，地方政府被授予税收的权利。地方政府发展当地经济也就有了相应的自主权，但是当地方发展对资金的需求远远大于地方财政收入时，就需要地方政府自主筹集资金。那么地方经济发展靠什么呢？靠市场经济、靠劳动人民、靠政策支持、靠招商引资。给到好政策，就可以栽下梧桐树，引来金凤凰。地方债就是地方政府在国家新《预算法》下栽下的梧桐树，引来各路资金支持地方经济建设。

地方政府债券的概念是相对于国债的，是以地方政府的财政税收水平作为偿债保障的债务凭证，也被称为“市政债券”，它募集的资金一般用于地方政府范围内的交通、住宅、医疗、教育和城市管网等地方公共设施建设与经营。地方政府债券有地方政府作为公信力较强的偿债人担保，被市场认为安全性非常高。国家政策规定地方政府债券的投资收益免征个人所得税，受到投资者青睐和市场追捧。

地方政府债券具有浓厚的政策性，主要是用于解决新增中央投资地方基础设施建设项目所需的地方配套资金短缺问题，所以发行的资金更多地投向了经济欠发达地区。

我国 1994 年实行的分税制和《预算法》，将大量地方性事权归于地方，同时明令禁止地方政府发债和预算赤字。2009 年，我国应对全球金融危机，开启了大规模的刺激计划，地方政府上报了超过 20 万亿元资金需求的建设项目，为了平衡中央和地方的事权和财权，地方政府债券进入了“代发代还”阶段，即经由全国人大批准后，财政部可为地方政府代理发行地方债券，并由中央代地方还本付息，这一模式一直持续到 2014 年。

2014 年，国务院印发了《关于加强地方政府性债务管理的意见》(国发〔2014〕43 号)，赋予地方政府依法适度举债融资权限，提出地方政府举债采取政府债券方式。明确政府和企业的责任，政府债务不得通过企业举借，企业债务不得推给政府偿还，切实做到谁借谁还、风险自担。政府与社会资本合作的，按约定规则依法承担相关责任。没有收益的公益性事业发展由地方政府发行一般债券融资以一般公共预算收入偿还；有一定收益的由地方政府通过发行专项债券融资，以对应的政府性基金或专项收入偿还。

自此，财政部陆续出台相关文件，不断加强对专项债券的规范管理，并自 2017 年开始试点发行“项目收益专项债”。

2019 年 3 月 15 日，财政部发布了《关于开展通过商业银行柜台市场发行地方政府债券工作的通知》，地方政府公开发行的一般债券和专项债券，可通过商业银行柜台市场在本地区范围内（计划单列市债券在本省范围内）发行，并对银行柜台发行地方债的相关事宜进行规范，从此地方债走向银行柜台，与国债、企业债等成为个人投资者可选择的投资标的（见图 6-2）。

图 6-2　济南市民“尝鲜”投资“地方债”

资料来源：中国新闻图片网。

地方债一般利率为 3%~5%，但由于债券主体发行的不同，不同地方的债券利率也不相同。从全国各省市发行的地方债收益率来看，2019 年上半年间，一年期与五年期地方债的投资收益率集中在 4.9%~5.4%。

2. 地方债成为对抗经济下行的稳增长利器

供给侧结构性改革和外贸萎缩给经济增长带来压力，拉动国民经济发展的“三驾马车”——出口、消费和投资，其中的投资和出口减缓，经济下行压力大。为对冲经济下行给企业和居民带来的不利影响，国际普遍的做法是减税降费。但是，减税降费直接减少了财政收入，毕竟财政收入的 95%来自税收。在此情况下，扩大地方债（含一般债券和专项债）的发行成为增加投资、对抗经济下行的有力举措。

地方债发行规模大、品种全，投资主体多元化，服务国家重大战略性项目成效显著。新冠肺炎疫情对经济带来的负面影响，为了给市场注入流动性，中央财政加速审批发放地方债，以支持重大项目建设对专项债为主。2020 年 2 月，财政部提前下达 2020 年新增地方政府债务限额 8480 亿元，加上此前提前下达的专项债务 1 万亿元，共提前下达 2020 年新增地方政府债务限额 1.848 万亿元。应对疫情冲击，稳定经济增长，财政政策更加积极，地方债成为稳增长利器。

3. 地方政府债券会违约吗?

地方政府债券违约的案例在国际上并不鲜见，其中美国的地方政府无法偿还政府债务而宣布破产的屡屡见诸报端，至今美国历史上已有 600 多个地方政府破产。2011 年 3 月，美国亚拉巴马州的杰斐逊县政府宣布破产，破产时所欠债务规模达到 41 亿美元，刷新了美国地方政府破产纪录。事情起因于 1996 年，杰斐逊县政府因当地污水排放不达标而决定重新修建荒废的污水管道系统。经过评估后，依靠杰斐逊县政府的财政支出难以完成修建，县政府决定以政府名义发行债券募集该项目费用。在项目建设开始后，政府发现整个项目排水系统的升级改造超出预算，以至于到世纪之交，项目费用达到了 32 亿美元，这样整个项目的营收既无法偿付当时募集的资金，又增加了新的债务，最终该县政府宣布破产。2008 年，次贷危机也引发一波美国地方政府破产潮，其中典型的案例是著名的汽车之城底特律的破产。

地方政府债券违约在美国时有发生，但是在中国，政府债券不会违约。这是由国家管理体制不同，对政府债券违约处理机制不同造成的。美国是联邦制国家，除了国防、外交职能归属中央政府外，中央、州和地方政府都有自己的法律，行政管辖互不干涉、税收和发债都是地方政府内部说了算。在这种情况下，地方政府能否破产是其内部事情，与中央政府没有关联，中央政府也没有义务为地方政府到期债务兜底。这种情况的优势在于及时释放风险止损，从而避免系统性风险的发生。

中国是单一制的中央集权国家，地方政府受中央政府的任命、管辖、监督和政绩考核，税收和发债权力集中于中央，省级以下政府没有税收立法权，地方政府发债必须获得中央审批。在2016年国务院办公厅发布的《关于地方政府性债务风险应急处理预案》文件中，提出“快速响应、分类施策、各司其职、协同联动、稳妥处置，牢牢守住不发生区域性系统风险的底线”要求。这一要求，明确规定了极端情况下地方政府如何承担债务违约的后果，而该预案最核心的指导思想是如何在危机发生之前进行充分的预警，从而避免违约事件的发生。对于处置方法，中央政府要求地方政府就是“砸锅卖铁”也要偿还所欠的债务。所以，我国对待地方政府债务违约的策略是事前风险控制和风险管理，确保债务风险可控。这种策略的优点在于责任层层落实，多方主体监督，地方政府对结果负责，确保政府公信力。所以，即便中央不兜底，地方政府债务违约也是极小概率的事情。地方债强调“属地管辖”原则，省级政府成了地方政府债务的最后兜底主体。

在我国，地方债无论是一般债还是专项债，仍然是中央政府利用债券工具对全国经济进行“因地制宜”式的宏观调控工具，没有跳出国家主权信用的范畴，体现的是中央对地方政府的授权来进行债务管理和风险防控。

二、政信信托——政信“红二代”

（一）政信信托的由来

信托是个舶来物，扎根中国后，便具有了“中国特色”，而政信信托则具备政府信用因素被赋予支持国家基础设施建设的“红色基因”，尤其是具有精准扶贫功能的信托。

政信类信托是基础产业类信托的一种。基础产业是指为社会生产和居民生活提供公共服务的物质工程设施，是用于保证国家和地区社会经济活动正常进行的公共服务系统，包括基础工业和基础设施两部分。基础产业类信托就是指资金投资于基础产业领域的信托计划。基础产业信托资金投向交通、水利等基础设施建设项目的被称为基建类信托，其参与主体是地方国企或者融资平台，用资项目多由国家和政府支持，由政府验收后付款，所以被称为政信类信托，属于债权类信托（见图6-3）。

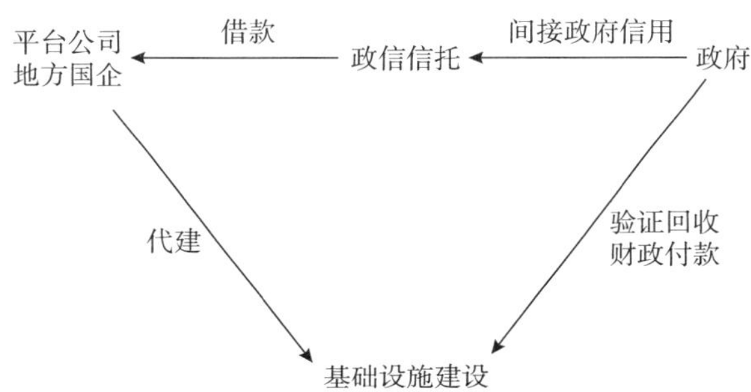

图6-3　支持基础设施建设的政信信托

资料来源：中国政信研究院。

（二）政信信托的强信用背书

政信类信托是城投平台公司与信托机构合作的产物。城投平台公司作为信托产品的发行方即为融资主体。信托产品发行对融资主体的要求很高，包括发行方净资产、资产负债情况、抵质押物是否充足、担保方资质及担保措施等。信托产品的质/抵押率基本不超过50%，质/抵押率越低，相对于信托产品来说，质/抵押物的资产价值越大，流动性越高越容易变现，因而安全性越高，政信类信托选择的抵质押物都是流动性更强的面向政府的应收账款。关于担保，政信类信托选择的担保方一般是其上级母公司或者同级的平台公司，融资方和担保方同为国资类企业。

我国发行政信类信托的城投公司一般是地市级以上的城投平台公司。虽然我国有10000多家各类城投平台公司，但具备发行信托产品的仅有 200 多家，其中包含省级平台公司 80 多家，地市级平台公司 150 家，对信用评级的要求为至少为 AA+，大多数发行主体具备 AAA 主体信用评级。

另外，在信托公司的资质方面，与西方信托制度及信托公司不同的是，我国的信托公司的股权结构具有深厚的政府或国资因素。在我国 68 家信托公司中，央企或国企参股或控股的有 19 家，地方政府参股或控股的有 29 家，金融机构（四大行、AMC 公司等）参股或控股的有 10 家，民营背景的仅有 10 家。

自从 2001 年《信托法》在中国问世，信托产品成为高净值人群寻求稳健投资的首选。政信信托源于政府信用，且信托产品信誉良好，被越来越多的中国高净值人群认可。根据中国信托业协会数据，截至 2019 年末，有 15.72%的信托资金流向基础产业，且该比例仍在稳步增长，其中政信类信托为 1.08 万亿元，占比 38%。随着经济下行压力加大，政府投资力度会持续加强，政信类项目的融资需求会继续升温。

三、政信资产证券化——政信“金龟婿”

政信金融产品家族成员里最风光的产品莫过于 PPP 资产证券化产品，PPP 资产证券化产品基于基础资产，又具有独立性，为政信家族赢来大量的社会资本，就像家族里的金龟婿。政府把自己的好项目拿出来，与社会资本联合，能够更好地帮助地方政府发展经济，壮大地方政府事业。

资产证券化是指以基础资产未来所产生的现金流为偿付支持，通过结构化设计进行信用增级，在此基础上发行资产支持证券（Asset-backed Securities，ABS）的过程。PPP 项目资产证券化是将 PPP 项目的收益权作为基础资产，通过结构性重组、增加信用评级等手段，将这些打包的低流动性资产转变成可以在金融市场上出售和流通的资产。

（一）资产证券化的由来及作用

目前我国 PPP 项目以环保、交通、基建等工程为主，具有投入资金大、项目周期长、收益稳定、回报期长等特点，与资产证券化的要求非常契合。2014 年以来，通过 PPP 项目的密集投资与建设，如今 PPP 项目已经进入集中落地与运营期，部分社会资本方为了自身资金的高效使用，要退出已经完成的建设项目。2015 年 12 月 24 日，广州机场高速公路车辆通行费收益权资产支持专项计划（2015 年）在深圳证券交易所挂牌，专项计划融资总额 44 亿元，是中国截至 2015 年基础设施行业发行规模最大的资产证券化产品。

PPP 项目资产证券化有利于提高 PPP 项目资产流动性，提高社会资本参与 PPP 项目的积极性。利用资产证券化的方式，能够盘活存量 PPP 项目资产，在项目建设和运营的过渡时期提供资金支持，以缓解地方政府集中偿付的资金压力。同时，PPP 资产证券化有利于提高 PPP 项目的规范程度。评级机构、律师事务所、交易所及基金业协会等一系列流程的规范，促进 PPP 项目依法合规运作，保证工作质量、提高运营水平，规范内部管理。

一般来说，我国 PPP 资产证券化可选择的途径有两种：债权与股权。在债权方面，现阶段主要有地方政府专项债、企业债；在股权方面，主要是承接 PPP 项目的上市公司融资与再融资。

截至 2019 年 6 月，PPP 项目资产证券化产品存量金额合计 119.22 亿元，其中 2017 年发行 11 只，发行总额为 92.09 亿元，2018 年发行 2 只，发行总额 10.81 亿元，2019 年发行 1 只，发行总额 17.32 亿元。总体来看，目前 PPP 资产证券化的产品总量不大，但是随着市场的发展，未来会有很大的增长空间。

（二）适合资产证券化的 PPP 项目类型

并不是所有的 PPP 项目都可以进行资产证券化，持续、稳定、可预测现金流是 PPP 项目资产证券化的基础和前提。根据《证券公司及基金管理公司子公司资产证券化业务管理规定》，PPP 项目资产证券化需要具备四个基本条件：①符合法律法规规定，遵循负面清单制；②权属明确，有完整的财产权利和处置权利；③现金流独立、可预测，最好能基于独立真实的历史记录对未来的现金流进行预测；④可定制化，能清晰识别，与原始权益人的其他财产明确区分。

可以看出，PPP 资产证券化产品是政信项目里优中选优的项目，大大降低了投资风险，解决了资金进入和退出的难题，打通了存量资产“募集—投资—管理—运营—退出”全流程关键环节，风险较低，投资收益可观。

（三）PPP 项目资产证券化产品的特点

PPP 项目资产证券化产品因其底层资产的优势而具有明显的特点。首先，从风险方面，发改委和证监会联合开展 PPP 资产证券化示范工作，社会资本参与方为行业龙头企业，处于市场发育程度高、政府负债水平低、社会资本相对充裕的地区，以及具有稳定投资收益和良好社会效益，项目资质良好，风险较低。从收益性来看，类似固定收益产品。和普通的资产证券化一样，PPP 项目资产证券化需要进行结构化设计，是一种类固收产品，优先级收益相对稳定，风险较低，次级享有浮动收益，承担主要风险。部分还设有中间级，收益和风险居于其中。

PPP 项目资产证券化产品的出炉过程就是一个现代“金龟婿”的成长之路。首先要有上好的相貌——营收类产业，其次要有可观的资产——优质的底层资产，再次还要有美好的前途——稳定的现金流，最后还要有严谨的家教——内外增信措施，只有具备以上四个条件，才能通过层层筛选，进入“准岳母”——交易所的法眼。

四、政信私募债——政信贵族

政信私募债是政信金融家族成员的补充，主要是为了解决大多数县市级地方政府市政建设的资金需求，是政府鼓励的市场化融资方式。政信私募债既有政府的血统，又与社会资本有广泛的联系，恰似政信家庭中的贵族成员。近年来，业务规模和资产规模不断壮大。

根据天交所《私募债券业务试点办法》的规定，私募债是指在中国境内依法注册的公司、企业及其他商事主体在中国境内以非公开方式募集和转让，约定在一定期限还本付息的债券。发债主体应当以非公开方式募集债券，每款私募债券的投资者合计不得超过200人。此后，各地方金融资产交易中心推出各种创新产品，并提出相关办法和规定，包括定向融资计划、收益权转让等。

金融资产交易中心备案发行定向融资计划的发行人，基本都是地方政府控股或独资的平台公司或国有企业，并被要求有经各大评级机构评为AA的关联主体，为产品如期兑付提供无条件、不可撤销、连带责任担保，且发行人所在地的政府主管部门要出具产品备案发行支持文书。由于在金融资产交易所发行的产品投资门槛相较于政信类信托和政信债权基金更低一些，因此，作为政信产品家族中直接支持地方重大项目建设的金融产品能与更多的投资人见面。下面我们以定向融资计划为代表来认识政信私募债。

定向融资计划采用备案制，地方政府通常以纳入预算的重大建设项目为资金用途进行直接融资，并以非公开的方式募集资金，投资者人数不超过200人，如某市水生态建设（见图6-4），融资方发行定向融资计划筹集建设资金。定向融资计划以项目资产直接融资，深受项目所在地投资人的青睐。定向融资计划的产品设计灵活，可做结构化设计，可附选择权等；近几年，市场上的定向融资计划多数以地方融资平台对政府的应收账款作为增信措施，从根本上来说，政府信用是这类定向融资计划产品得到投资人认可的重要因素。

图 6-4　市政建设——城市水生态

资料来源：中国新闻图片网。

作为一款金融产品，定向融资计划涉及的第三方主体有承销商、会计师事务所、律师事务所以及受托管理人。作为定向融资计划的备案机构，金融资产交易中心对所挂牌交易产品同样履行风险管理措施，其中要求发行人在产品存续期进行定期信息披露，并且要求投资人必须是合格投资者，并督导发行人按时兑付本金和收益。

定向融资计划采用了受托管理人制度，产品存续期间根据受托管理协议的约定由受托管理人履行受托义务。投资人在认购的时候，都会考虑到极端风险发生的概率，以及自己的利益如何做最大化保全。从流程上来说，在产品结构中有担保方，如有违约情况发生，担保方需要代为偿付或者处置抵质押担保物进行偿付。定向融资计划受托管理人及备案机构，会协助计划投资人向计划发行人维权。定向融资计划的本金和收益兑付，由受托管理人跟进执行，备案机构督导。

由于定向融资计划是投资者直接借钱给发行人，即融资主体，所以发行人的资信决定了其产品的安全程度。由于定向融资计划的发行人主体为地方政府平台公司或者国有企业，其安全性建立在政府信用的基础上，与政信类的各种产品几乎相同。

五、政府产业投资基金——政信大家长

绝大多数普通居民可能感受不到政府产业投资基金的存在，但是当我们从银行理财产品、商业保险资金、社会保障资金等获得收益的时候，是否思考一下这些收益来自哪里？由谁来创造？其中一部分就是政府产业投资基金，全体国民都在享受这棵大树结的果子。在政信家族成员里，这才是真正的“大家长”。这位“大家长”负责国家居民基本的生活保障，保险收益和各类低风险投资收益，有了“大家长”的保障，国家金融大船才能行稳致远。下面我们来揭开这位低调的“大家长”的神秘面纱。

（一）设立目的

政府产业投资基金在我国也被称为政府引导基金，实际是以政府名义出资设立，引导社会各类资本方投资经济社会发展的重点领域和薄弱环节，支持相关产业和领域发展。政府产业投资基金由各级政府通过预算安排，以单独出资或与社会资本共同出资设立，采用股权投资等市场化方式运作。这是在我国当前转变政府职能和国家治理方式的时代背景下，各级政府将政府的“有形之手”与市场的“无形之手”结合起来，根据地方经济发展规划、产业基础、资源优势等实际情况，以财政资金杠杆撬动并引导社会资本，形成合力助推产业转型升级，改善民生、提高公共服务水平，加速发展新兴战略产业。

遍布全国的高新技术开发区和新型工业化示范基地是产业转型升级和国家攻坚高精尖技术的重要布局。开始于大中城市和沿海城市，后来扩大到中西部城市，其中，有些是实现传统产业向新型产业转型的功能，有些是战略性新兴产业，包括电子信息技术、空间科学和航空航天技术、新材料新能源技术、生物医药工程技术、高效节能技术、生态科

学和环保技术等。这些知识密集、技术密集型的产业需要大量的长期资本投入，同时，产生的经济效益也是可观的，推动着中国工业化进程。政府以产业引导基金的形式投入，带动各类大中型企业参与其中，不仅有资本投入，更有技术支持，并通过发起子基金的形式向社会大众、各类金融机构等募集资金，并以项目产生的收入回报投资者。这样就实现了以政府的小投入撬动企业、金融机构和个人资金的海量资金，支持国家高新技术产业、战略性新兴产业的发展。2010 年 2 月，产值超千亿元的西安经济技术开发区获国家工信部批准建立国家新型工业化产业示范基地，基本形成了以机械电子、轻工产品、生物医药、新材料为支柱产业和以高新技术产品为主导的工业体系。

在新时代，科技竞争是大国博弈的关键。曾经我们因为缺少科研资金而放弃部分尖端领域科学的攻坚从而失去了在某些领域的优势以至于受制于人。而如今国家富裕，人民富足，国家以主权基金的形式投入，发挥全社会的力量攻坚克难，能够缩短我国科技水平弯道超车的时间，在竞争中占得先机。

简而言之，政府产业投资基金的目的是以政府主权信用吸引社会资本来加速推进重点领域的发展。新加坡淡马锡集团以国家主权基金的形式建立了花园式宜居城市和国家，保障了国有资本的可持续增长，给我国发展政府产业投资基金带来了很大启示。

（二）发起方

政府产业投资基金的发起方分为中央政府和各级地方政府。

据不完全统计，截至 2019 年 2 月 28 日，全国包括创业投资引导基金、产业投资引导基金、基础设施投资引导基金等在内的政府产业投资基金数量共 2108 只，总募资规模达到 3. 92 万亿元，总目标规模 11. 92 万亿元，共有 1807 家管理机构对这些引导基金进行管理，机构平均管理规模 21. 68 亿元。这些基金好比一支庞大的舰队，其中国家级产业投资基金是其中的航母，地方各类政府基金像是各职能舰，各司其职，推动着中国经济的发展。

国家级产业投资基金对实现国家宏观发展战略至关重要，能够引导社会资金集聚，形成资本供给效应，优化资金配置方向，落实国家产业政策，引导资金投资方向，扶持创新中小企业，引导资金区域流向，协调区域经济发展。

国家级引导基金设立的数量并不多，但是其总规模占政府引导基金整体比重较大，平均单只目标规模达636亿元，主要由国家部级单位或者央企发起，其参与设立的子基金或者直投项目不受地域限制。

（三）投资方向

财政部、国务院发展和改革委员会分别从不同的角度对政府产业基金投资方向做了规定。财政部规定的方向是支持创新企业、支持中小企业、支持产业转型升级和发展、支持基础设施和公共服务领域。国务院发展和改革委员会规定的投资领域包括非基本公共服务领域、基础设施领域、住房保障领域、生态环境领域、区域发展领域、战略性新兴产业和先进制造业领域以及创业创新领域。

（四）运作及模式

政府投资基金采用公司制、有限合伙制和契约制等不同组织形式，采用市场化运作方式，政府部门不直接参与投资基金的日常经营管理和投资决策。各出资方按照“利益共享，风险共担”的原则约定收益处理和亏损负担方式。目前，我国政府投资基金中的引导基金的主要运作模式有参股、跟进投资、风险补助、融资担保及投资保障等。

政府产业投资基金对于国家和地区经济发展举足轻重的作用，是为解决国家和地区重大项目、重大战略目标、长期发展目标而设立。这些目标的实现难以通过单一市场化方式实现，只有政府牵头，吸引各类社会机构，如银行、保险、信托、社保等的资金参与才能完成。将国家发展目标与关系全民基础利益的资金深度捆绑，既可实现国家产业发展目标，又能将产业发展红利在全民范围内分享。

政信金融家族成员离我们的生活并不远，有些是我们深刻感知到的，如国债，伴随几代人的成长，我们对它有深厚的“感情”；有的是近几年进入寻常百姓家的新成员，如地方债，同样是为地方经济发展做贡献，各地老百姓也非常认可；有的是经过联姻的新成员，如政信信托、政信私募债和 PPP 项目资产证券化产品，因为吸收了社会资本，把有经营收益的项目权益让渡给更多的普通投资者，有更好的收益；有的是政府以出资人身份出现，如政府产业投资基金，带领央企、地方国企和各类金融机构，共同实现家庭资产的保值增值，随着国库资产不断增长，分享给全民的收益也不断增长，实现全民政信红利。

第二节　挖掘新时代政信金矿

一、一招甄选金牌政信

（一）金牌政信成市场风向标

政信金融在金融市场的风生水起引来了众多参与者。政信投资和政信项目的本质就是政府信用，除了融资主体的政府信用背景外，建设方、运营管理方和还款方等参与主体是否具有国资背景也决定了政信项目和政信金融产品的认可度。根据这些参与主体是否具备国资背景，政信金融产品分为金、银、铜三种。其中，金牌政信是指在项目的融资、建设、运营管理和还款四个环节的主体均为国资主体。银牌政信是指在以上四个环节中三个主体具备国资背景，而铜牌政信则是仅有两个环节具备国资背景的主体。

（二）金牌政信的国资保障

金牌政信的融资方、建设方、运营管理方和还款方均具有国资背景，也即具有“国资建、国资管、国资融、国资还”的闭环属性（见图 6-5）。多一道国资主体，就为政信产品增加一道安全保障，并更有利于实现投资收益的最大化。因此，金牌政信具备强信用和高收益性的特征。

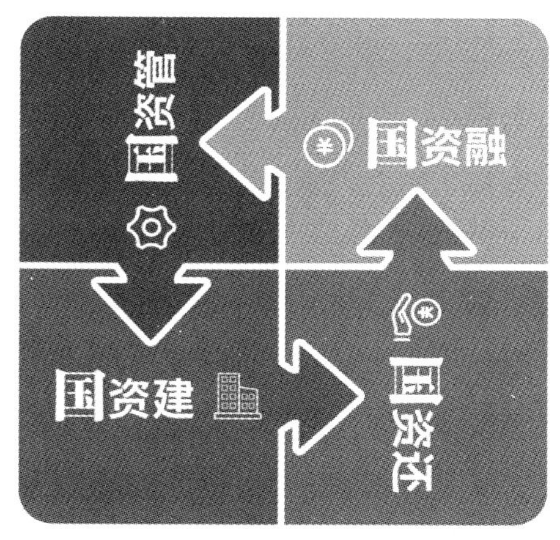

图 6-5　“四国模型”形成完整闭环

资料来源：中国政信研究院。

国资之所以被认为是安全的，是因为国资最终体现的是政府信用。政府作为国家财产的经营者，要确保国家资产的保值增值，国资企业被赋予国有资本保值增值的责任。国资企业是政府出资设立，参与政信项目的投资、融资、建设和运营管理，代表国家履行国企责任，多个国资主体参与到政信项目全生命周期中，能够全方位发挥各类国资主体在各环节的优势。

1. 融资主体的国资保障

融资主体作为政府注资设立或控股的地方平台公司，承担着地方经济开发建设的重任，其使命就是为地区经济发展和民生改善进行投资、融资、建设和运营管理，必然得到政策支持。2018 年 7 月 23 日，国务院常务会议定调，政府融资平台监管政策有了微调，引导金融机构按照市场化原则保障融资平台公司合理融资需求。随后，国务院办公厅发布了《关于保持基础设施领域补短板力度的指导意见》（国办发〔2018〕101 号）、银保监会发布了《关于进一步做好信贷工作提升服务实体经济质效的通知》（银保监办发〔2018〕76 号），要求保障在建项目顺利实施、加大对在建项目和补“短板”重大项目金融支持力度，按市场化原则满足平台公司合理融资需求，避免必要在建项目资金断供、工程“烂尾”。2019 年 3 月，《政府工作报告》提出要妥善解决融资平台到期债务问题，不能搞“半拉子”工程。2019 年 6 月，中办、国办发布《关于做好地方政府专项债券发行及项目配套融资工作的通知》，允许专项债作为符合条件的重大项目资本金。

市场化多元化融资提供充足的流动性：政策在手的地方融资平台，不仅获得国开行长期低息贷款和地方政府的产业投资基金，还能在交易所发行企业债获得直接融资，而且可以通过商业银行获得贷款，并通过信托公司发行债权信托计划，还可以在地方金交所发行定向融资计划。这些多元化的融资手段为融资平台的项目建设提供了充足的资金来源。

2. 建设主体的国资保障

改革开放 40 多年来，伴随着我国基础设施的大规模建设，一大批国资背景的建筑企业得以快速壮大，甚至中国建筑、中国中铁等央企甚至已经排名世界 500 强前列。我国也得到了“基建狂魔”的称号，也侧面体现了我国国有建设主体的实力。

在 2020 年抗击新冠肺炎疫情中，“240 个小时建成一座医院”让世界为之震撼。从 2020 年 1 月 23 日接国家命令参照小汤山医院模式建设火神山医院和雷神山医院，到 2 月 3 日和 2 月 6 日两座容纳 2500 张重症患者床位的医院交付使用，分别仅用 10 天的时间，创造了中国建筑史上的奇迹，体现了中国速度。作为传染病隔离治疗医院，火神山医院对于防护隔离的要求极高，在提出建设需求之初，由于工期过短、准备时间基本为零等多个不利条件限制下，曾被认为是“不可能完成的任务”。建筑、通信、能源、制造等多类别总计 39 家业内处于领先地位的央企充分发挥优势，将业务中最强的“长板”拼在一起，在不牺牲质量的前提下，完成了火神山医院的建设（见图 6-6）。

图 6-6　央企“大会战”火神山医院

资料来源：中国新闻图片网。

几百台机器同时作业，忙而不乱，以分钟来计算工期，火神山医院和雷神山医院的建设将国资建设能力发挥到了极致。这既是个案，也是政信项目中国资力量的缩影，是这个时代最可信赖的力量。

总结起来，国资建设的优势在于：超前的顶层设计能力、先进的装备和技术支持、强大的组织协调和号召能力、强大的资金支持。为完成公共服务类的政信项目，国资建设企业参与其中，更加有利于项目的顺利推进。

3. 资金管理的国资保障

政信项目建设和运营中的资金管理是投资人普遍关心的问题。在政信金融产品的结构设计中，包含银行、挂牌机构/交易场所、管理人及用资方，所有的政信金融产品所涉及的资金往来都是通过多方共管。银行作为政信金融产品的资金托管方，监管资金流向。银行作为资金存管方与受托管理人开设共管账户，使用银行的共管协议，银行严格按照受托管理人的指令和印章执行资金划转。

金融资产交易所是由地方省级政府审批通过的，就区域性金融资产进行挂牌、备案、交易的平台。根据金交所的规定，产品发行人需设立独立的监管账户，并委托金交所进行托管；金交所对发行人尽调，并且设定发行规模和投资者人数，并在定向融资计划发行完成后，发行人需在金交所登记共同管理。金交所要求产品发行人通过金交所网站或合格投资人专区披露相关公告，督导发行人办理抵质押相关风控措施以按时兑付。

4. 国资还款有保障

根据2015年新修订《预算法》的规定，地方政府债务分门别类纳入全口径预算管理，实现“借、用、还”相统一。

地方政府融资平台公司由地方政府及其部门和机构等通过财政拨款或注入土地、股权等资产设立，担负着地方政府投资项目的投融资以及建设管理的重任，为地方经济正常运转、产业发展和民生提供基础保障。作为国有融资平台，地方政府融资平台的还款得到国资公司的担保。最重要的是，作为地方政府投资的项目，得到地方财政的支持。还款资金来源包括自有资金、平台经营收入、土地开发增值收益、项目预期收益和地方政府资金。因此，有国资参与的政信项目还款更有保障。

二、74道政信掘金术

人们要想寻找一块含金量更高的矿石需要专业团队、专业技术、专业装备。政信事业关乎政府、国资平台和企业的公信力，更关乎广大投资人的利益，作为连接政府公信力与投资人利益的桥梁，把利国利民的事做好，是政信金融资产管理人的职责和义务。政信事业是一片蓝海，开拓政信事业更需要专业技术。要精心打造好产品，不仅需要从源头把好每一关，更要有科学的顶层设计和专业的团队。金融产品的核心就是风控，风控是从事于政信事业的企业能够行稳致远的生命线。经过十余年的专业耕耘，政信投资集团打造了资深的政信金融团队，并根据多年实践开发出具有标杆意义的 74 道政信掘金术，打造了一个又一个的精品政信项目。

74 道政信掘金术包含十二大掘金系统，各个系统对每个环节提供了具体的标准，一个政信项目一旦符合了 74 道掘金术的全部或绝大部分条件，那就一定是一个值得深度参与的项目。

（一）宏观风险把控

1. 国家战略指引——5 层

首选是国家战略政策，共有 5 层指引，分别是：①国家级研究院根据国家发展战略结合区域经济发展层级、地方政府的政治生态、政信指数排名、行政领导能力及政府廉洁度等要素拟定项目投资版图，坚持国家战略大局方向，推动国家经济发展结构升级。②国家双智库专家（财政部 PPP 中心专家库和发展改革委 PPP 专家库）针对项目所在省（市、县）当地中长期规划进行区域发展前瞻性判断，与地方自然资源适配性进行评测，对过往发展规划的执行情况等进行项目投资战略的规划和评估，服务于发展快、信用高的政府及组织，结成共同体，深度参与当地经济建设，服务好当地人民。③中央财经大学政信研究院从国民收入分配政策、财政投资政策、财政补贴政策、税收政策、国债政策等财税政策方面为项目全流程的统筹和合规设计保驾护航。④中国政法大学国家监察研究院及国家智库法律专家从法律、中央及地方各级部门规范性文件对地方政府举债融资、地方债务管理、社会资本参与合作地方项目建设相关限制深入研究解读，指导社会资本“规范化、法制化”参与项目运营，合规有序参与地方建设。⑤项目匹配国家宏观战略发展要求、地方产业经济及政策布局，从地方产业宏观发展规划中把控项目实施重要方向，使业务发展形成生态闭环，通过参与政信项目以高度社会责任感积极融入地方经济发展建设中，服务地方政府与地方经济。

2. 地方行政伦理与法制建设——3层

根据地方行政及法制建设，科学筛选有价值的项目才是安全和获得高收益的保障，对于这一点有3层风险保障：①调研地方行政道德与文化建设，分析地方政府历史党风党纪建设情况以及行政系统关联部门的党风党纪教育体系，优选优秀党风党纪建设、政府班子稳定、行政决策有效、廉洁度高的政府。②调研地方政府活动建设和开放力度，优选政府公共管理科学、政府工作实绩透明、信访通道公开透明且及时回复的阳光政府。③调研地方政府行政法制建设健全程度，优选法律制度健全、执行公正、行政责任明确、政府公信力及执行力强的法治政府。

3. 地方资源保障——4层

地方资源禀赋情况对项目顺利展开至关重要：①调研地方产业资源，优选战略结构规划科学、产业发展稳步前进、产业禀赋优势明显、产业发展的经济带动能力强劲的地区。②调研地方自然资源，优选自然资源丰富、生态保护优选、劳动力富足、人口红利效益大的地区。③调研地方文化资源，优选文化底蕴深厚、人文建设完善、法治建设科学的地区。④调研地方财政支持力度，优选国家战略扶持、国家财政倾斜、地方财政增长快速、税收优惠政策较大的地区。

4. 政信项目筛选——6层

优质的政信金融产品更加注重产品筛选及合规性，最大限度保障投资者利益，包括：①项目合作筛选坚持“四国理念”原则，专注政信项目，服务民生、创造价值。②区域选择。优选国家战略倾斜、经济发展规划清晰、行政法制健全、产业优势清晰、发展规划与资源适配度高、公共财政收入充足、区位优势明显、行政执行效率高的区域。③政府选择。优选政府信用高、政信指数排名靠前、偿债能力强、国家财政支持力度强、政府行政职能履行度高、发展规划执行力强、政府班子稳定廉洁度高的廉洁政府和阳光政府，避免出现地方政府违约、失信风险。④主体选择。优选行政管理健全、公共责任明确、公司绩效稳增长、公司资产价值高、企业负债低、现金流稳定、有地方财政支持力度的平台公司或大型国企，在服务地方政府经济发展、响应国家政策及产业政策，为国企做大做强注入市场力量的同时，分享国企发展红利。⑤项目选择。优选符合当地经济发展水平、对当地民生、产业结构升级、经济发展影响力较大的项目，筛选时综合考虑项目是否纳入公共预算、项目的市场经济参与程度、项目是否经过地方政府集体决策等因素，优先选择当地政府主导的有经济效益的公共产品建设类项目进行深度参与、分享地方经济与企业发展双重红利。⑥增信选择。优选高信用评级、企业综合实力强、企业发展稳定、领导行政决策合理、公司绩效增长稳定的平台公司或大型国企作为项目担保方提供连带责任保证担保，并由项目方提供优质资产进行抵质押担保增信。

（二）市场风险把控

1. 项目尽调——9 层

辨别真假政信，筛选有价值项目才是安全和获得高收益的保障，对于这一点有 9 层风险保障：①360 度无死角研究项目价值。保证项目的高附加值，增加投资有回报。②优化项目实施路径，牢固把握项目发展方向，确保项目获得高效的实施。③严格项目参与主体尽职调查，审查主体信用，确保项目主体安全合规。④底层资产穿透审核，确保资产真实、安全、合规、足额有保障。⑤长远、综合性考量项目原则，保障项目风险可控、长期收益稳定，有持续的发展前景。⑥项目投资可操作性原则：项目有完整的各类投资要素支持，项目合规合法。⑦考察投资相关性，确保高效和准确投资。⑧真实、合理估算投资和绩效比。⑨坚持投资建设与管理科学性原则。

2. 项目分析——3 层

投资主体在调查、分析、论证的基础上，对投资活动所做出的最后决断涉及建设时间、地点、规模，以及技术上是否可行、经济上是否合理等问题的分析论证和抉择，是投资成败的首要环节和关键因素。项目投资决断及附加评审要做到：①在政府的行政决策、行政责任、行政伦理、领导力等方面进行项目主体风险评测，多维度评审分析区域综合实力。②项目立项委员会评委对项目进行专业剖析出具立项意见。③再次核准尽职调查信息和要素，由投资决策委员会评委出具投资决策意见。

3. 合规审核——2 层

金融与风险的关系如同物体与影子的关系，从不同的角度看风险大小不同，对待风险的处置方式也不同，所以专业化的风险管理是金牌政信的核心。实现风险管理专业化要做到：①合同审核。审核合同关键条款，做到合理合规，有法可依。②程序合规化审核。社会资本在参与政信项目的过程中，严格遵守相关法律法规及程序，做到程序规范。

（三）管理风险和经营性风险把控

1. 产品发行——11 层

产品发行需要专业的体系和制度，金牌政信有 11 层产品发行制度体系保障，包括：①科学、严谨地设计产品交易结构，并较好匹配市场需求，为地方经济发展注入市场活力。②严格按照决策程序，获得融资方、担保方真实有效的审批决策文件。③合规办理抵质押物、收益权转让的登记手续。④严选产品发行合作机构，所有合同/协议实行“面签”“双录”。⑤专业团队承做产品，内部三层审核，套件全要素缺一不可。⑥集中统筹销控及市场服务，坚持客户导向，遵守金融产品监管要求。⑦对投资者进行适当性风险测评，充分揭示投资风险及风控措施。⑧做好投资人信息保密，定期客服回访。⑨定期跟踪存续项目交易要素，保持产品结构稳定。⑩准时完成产品返本付息分配工作，保障投资人权益。⑪完善的档案管理制度，管理项目及产品资料，保证档案的完整性、一致性。

2. 资金投放使用管理——4 层

投资资金是牵动投资人神经的一根主线，但是如何让这根线按照正确的方向延伸，需要各类资金管理方进行实质的监督和管理。金牌政信项目要做到：①资金账户共同监管，协议约束，保障资金安全。②资金分批投放，严格监控资金流向，确保资金专款专用。③用款协议及单据全部留存归档。④项目主体定期内部审计，审查程序合规性，出具《内审报告》。

3. 投后管理——14 层

闭环代表着可持续发展，是螺旋式上升的前提。政信业务要实现可持续的螺旋式上升，需要在全流程做好闭环设计。金牌政信要做到 14 层全周期生态闭环保障：①督促政府践行政府监督职能，资金实时监督、合规使用。②季度出具《付息通知书》，确保按时支付。③与政府建立长期友好的合作关系，持续对接深入合作，避免行政伦理风险。④定期调研政府战略规划、财政预算、组织变动等信息，评估风险管理。⑤督促政府机关履行公共组织绩效管理职能，调研项目运营情况。⑥跟踪和落实资金偿还能力及还款来源。⑦关注抵质押物的有效现状，及时补足。⑧调研行政执行力，评估区域经济发展状况及财政实力情况。⑨关注政府的舆情及负面信息，跟进处理办法和进度。⑩专人负责提前沟通本金到期兑付准备事项。⑪调研和落实地方政府资金政策及资金到位情况。⑫专人负责，跟踪落实兑付计划及还款来源。⑬专人负责，监督资金管理机构确保及时分配本息。⑭加强宏观经济研究分析，建立品牌优势应对市场风险。

4. 产品管理——5 层

透过中国银行“原油宝”事件可以看出，金融产品设计无小事。优质的政信金融产品更加注重产品设计及管理，最大限度地保障投资者利益，包括：①满足条件内，产品份额灵活转让。②产品到期赎回，本金和最后一期收益及时分配。③产品续投，专业、安全、快速。④产品转投，专业、安全、安心。⑤份额合法继承，实现财富传承。

5. 政信风险管理——8 层

风险管理应当贯穿项目始终，针对可能出现的风险问题，我们出具严密的解决方案，帮助投资者树立信心积极应对风险、管控风险：①通过行政监督手段实现风险应对的政治保障。②配合投资人代表参与兑付谈判，跟踪落实阶段性还款到位。③通过专业法律手段，按约处置抵质押物等进行财产保全。④依据地方政府公共危机管理制度，对舆情监控并进行应急处置。⑤寻求新的合作，完成债务置换。⑥协助地方政府落实政策补助资金。⑦建立政治保障、经济偿还、法律追索的三级风险防控机制。⑧深入研究法律法规及政策，控制政策风险。

以 74 道政信掘金术作为项目、产品孵化标准和流程，既能规范政信金融项目运作，又有助于帮助投资人按照 74 道标准筛选最佳的政信金融项目，确保所投的每个政信项目都有收益保障，每个项目都为城市发展、民生福祉做贡献，为山青水绿天蓝尽力，倾力打造宜居宜业宜游的社会生态环境。

三、闭环创造高收益

投资的体系环环相扣，想要控制每一个节点，想要获得高收益，就需要全部投资环节的相互配合，打造一个良性的闭环（见图 6-7）。闭环不仅是可控的，而且是螺旋上升的，收益用于再投资，每个环节都能创造价值而传导给下一环节。在政信项目的全生命周期，每个环节都有可能创造利益，而在投、融、建、管、退的过程中，如何选择闭环的项目呢？

图 6-7　业内首创的八大业务闭环模型

资料来源：中国政信研究院。

第一，项目管理人要有政信事业的战略闭环。管理人要建立共生共赢的战略，通过合伙人机制建立政信生态，以专业的顶层设计谋划整体效益。

第二，项目系统规划闭环。政信企业与政府达成共促地方发展的共识，发掘并提升项目的战略价值，系统规划确保可执行性，优化项目投入与产出效益。

第三，项目全方位投资调研闭环。项目要有精细化的调研策略，有权威的规划设计方案，能够为政府提供全方位的项目投资服务。通过筛选项目、优劣势分析及风险管控分析，做到所投项目合规合法、结构合理，全流程管控。

第四，项目融资闭环。从资产追索、风险分担到投资战略设定都要有明确要求，项目融资要做到七大策略：融资资料精细化、立项评审严谨化、项目调研流程化、投资决策专业化、洽谈签约规范化、产品发行标准化、产品管理审慎化。

第五，项目工程建设闭环。项目管理要符合七大原则：整合资源合理投入、专业分工优势互补、超前谋势强化预控、主动创新攻克难关、抓主要矛盾注重施工组织、注重管理质量优先、预防风险保障安全。

第六，产业经营增效闭环。项目要坚持产业经营五大原则：规划引领、有序发展；市场调节、政府引导；产城互动、融合发展；五化协同、以人为本；改革创新、响应政策。项目要形成产业经营四大优势：产业管理主体可控、项目管理要素齐全、项目运营体系闭环、产业体系现代化运营。

第七，项目退出闭环。项目退出是投资人实现投资收益的最后环节。对于不同的项目，可以选择项目回购、上市、资产证券化和发行债券等方式实现退出。

第八，项目风险控制闭环。项目要坚守国家底线思维，设立风险管理系统原则，如风险管理创造价值、独立性、全面性、全员参与、匹配性、审慎性、有效融合的原则，构建合规文化，使风险管理专业化，积极主动应对风险。

第三节　聚合共赢财富倍增

一、聚合共赢时代来临

聚合是一个化学的概念，是指低分子量的单体转化成高分子量的聚合物的过程，聚合物具有低分子单体所不具备的重要性能。厉以宁先生曾经提到：“未来是聚合的时代，政府和大企业要裂变成平台，个人和企业也要聚合成平台。”我们将厉以宁先生对我国未来社会的论断总结为“聚合时代”。个体、企业有其优势，但力量毕竟有限，政府和大企业掌握着更多的社会资源，但也需要注入活力才能激发出社会资源的价值。这一观点折射出：个体和小企业要借助与大企业和政府的合作里释放出高能量，其实质就是聚合产生共赢。聚合是过程，共赢是结果。2014 年，国家将政府与社会资本合作的模式上升为国家战略，我们进入了聚合共赢的时代（见图 6-8）。

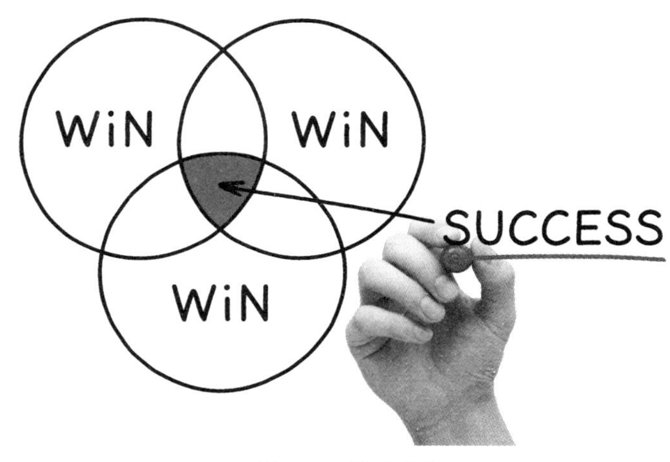

图 6-8　聚合共赢

资料来源：图虫网。

只有合作才能产生聚合反应，合作就需要共同的利益基础，就需要平台。所以，在中国经济下半场，平台思维是政府、企业和个人都必须具备的意识，具备平台思维才能获得新一轮制度红利。平台思维是互联、互通、互动的网状思维，是开放的、创新的思维，是一种重要的思维方式和工作方式。通过平台把信息、人才、技术、资本、人脉等优质资源聚集、整合起来，然后进行深度挖掘，既开阔视野思路，又使资源之间发生关系和互动，实现价值倍增的创新创造。平台思维实质就是充分利用市场机制整合资源，形成聚合优势，实现财富倍增。

二、政府裂变大平台

公共服务是21世纪公共行政和政府改革的核心理念，包括加强城乡公共设施建设，发展教育、科技、文化、卫生、体育等公共事业，为社会公众参与社会经济、政治、文化活动等提供保障。公共服务以合作为基础，强调政府的服务性，强调公民的权利。

中国城镇化率从40多年前的17.92%突破至目前的60%以上，经历过大规模拆迁和建设后，城市规划不再是大规模扩建，而是城市更新和运营。城市发展进入新阶段，政府投资逻辑变了，从经营的角度通过提升公共服务质量和水平来让城市资源增值和惠及城市居民。

把城市建成钢筋水泥的森林不是目的，城市只建设是“摆桌子”，而完善城市生态、人文、产业，打造城市魅力，成为居民赖以生存的物质和精神家园，提升居民生活质量和幸福感才是终极目的，才是城市运营的职责所在。

城市运营需要政府和企业在充分认识城市资源基础上，运用政策、市场和法律的手段对城市资源进行整合、优化、创新而取得城市资源的增值和城市发展最大化。

中国经济的下半场是提升城市资源价值和创造更多财富的时代，政府及融资平台逐渐定位为城市经营者的角色，政府与融资平台搭建城市发展的大平台，带领所有人才、资本、技术等力量共同参与到区域和城市建设发展中来。因此，中国从上至下的各级政府正在裂变为一个个促进城市发展的大平台，而企业和个人因共同利益被吸引而汇聚到城市发展的大平台，以小平台的形式与大平台对接，产生源源不断的聚合能量。

三、人人都是小平台

互联互通时代，人的社会性更加强化，每个人都是多个“标签”

的存在。共享经济时代，能共享的不仅是有形或无形的物理性资源，还有蕴藏在社会人身上的学识、智慧、技能、人脉。这些之所以称为资源，是因为有价值，有价值的资源组合在一起就搭建了个人的小平台。

学识、智慧、技能都是人立足于社会，得以自食其力的资本，可以满足人们基本的生存需求。人脉则是可以让人能获得更多社会资源的"跳板"。"人脉变现"这个词看似功利主义，但是细品之后，会发现人脉乃是人品的外在体现。人品越好，素养越高，人脉越广，格局也越大。因此，人最大的财富是人品，只有人品好、信用好，才能人脉好，人脉也就是钱脉（见图 6-9）。

图 6-9　人脉即钱脉

资料来源：图虫网。

人脉的价值取决于自身价值的大小，助人者必得人助。经营好自己的人脉就是经营未来的财富。学识、智慧、技能是人脉的基础，能力越强，越有为他人创造价值的可能，因此人脉变现从提升能力开始。运营好个人平台，从运营人脉开始。

社会是个大舞台，平台随处可有，而其中最大的平台莫过于政府为每个人的发展提供的大舞台。命运共同体的理念已成为共识，社会个体与政府大平台的关系既是利益共同体，也是命运共同体。

服务型政府的建设就是裂变成各类公共服务平台的过程。政府裂变成平台传承了政府的主权信用高、资源整合能力强和依法治国的管理监督优势。

作为为社会提供基础公共服务设施和服务的政府投融资平台，既是城建及产业市场化融资的“主渠道”，也是基础设施投资建设运营的“主力军”，更是城市综合运营的“服务商”，已然成为各地政府连接社会各类参与主体的重要枢纽。地方融资平台整合各类社会资本、人才、技术、资源等要素，产生“1+1>2”的效果，创造更大的社会财富。

社会学家研究发现人类发展的历史呈加速推进的状态，而促进社会加速发展的一种重要力量在于资源整合的力量，而政府作为社会的组织者和管理者，是最具有资源动员和协调能力的主体。政府和大企业裂变为平台，为个体和小企业提供成长和能量释放的舞台，个人和小企业在这个舞台上充分发挥主观能动性，将一个个小平台发挥到极致，也必将为整个社会带来巨大的聚变力量。

四、城市建设“合伙人”

在聚合时代，社会组织扁平化，打破僵化的阶层和固化的组织模式，给予更多的个人和企业参与到城市建设和运营中去的机会，实现政府、企业和民众的共赢，是服务型政府所追求的效果。当政府裂变成平台、个人和企业聚合成平台，共建城市的时候，个人和企业就成为城市建设和运营的“合伙人”，共享城市发展红利。个人和企业参与到政府平台形成合力，将带来城市发展的聚合式红利的释放。

城市建设和运营需要大量的资金，同时也会创造大量的社会效益和经济效益，发挥个体和机构的各类优势资源，将民间储蓄力量转化为当地经济发展的资金力量，成为城市发展和运营的“合伙人”，发挥城市“主人”的作用，与政府和企业共同建设家园，提升城市功能，并在这一转化过程中获得与当地经济发展同频的收益，对于个人和机构都是潜在的财富机会。

（一）城市政信事业合伙人

作为城市的主人，成为城市建设的合伙人，共同建设美好的城市家园。中国有 291 个地级市，2800 多个县及县级市/区，充分发挥好城市居民服务于城市建设的功能，需要一批能够连接政府大平台、社会个体和企业小平台的政信事业合伙人，共同参与城市建设，分享城建红利。

政信事业合伙人可以是政信营业机构，将各地宝贵的金融资源转化为支援当地城市建设运营的资本和资源，同时还能吸引社会各路资金用于本地建设，并以本地经济发展来回报投资人。

政信事业合伙人还可以是各类工程建设机构、各类城市规划咨询机构、各类民间团体等社会组织。专业的人做专业的事，城市的建设和运营需要各类专业团体和个体参与其中，群策群力，共享城市发展红利。

政信事业合伙人依托地方融资平台的项目资源，背靠国资金融合作平台，将个体的人脉资源转化为利己利人利国的财富资源。

（二）城市政信投资人

坚固的城投信仰被国家的制度优势捍卫着，作为城市居民和主人，投资政信就是投资自己城市的未来，就是谋求与城市共同发展。

在经济下行周期，虽然全球经济不确定性加剧，但中国城市化 2.0 建设运营正在发生，未来将释放万亿红利。在全球资产泡沫、资产缩水、投资陷阱随处可见的情况下，政信投资是中国经济复兴“列车”带领人们与国家经济发展同频共振的金矿。

本章结语

作为新时代的金矿，政信金融是未来最重要的投资方向。政信金融同样也有多种产品形式，如国债、地方债、信托、资产证券化、私募债、政府产业投资基金等，各个产品虽同样都具有政信属性，但也有各自不同的特点。国债、地方债作为中央和地方政府发行的债券，具有最高的信用等级，同样也有着较其他政信金融产品更低的发行利率，适合追求绝对安全的投资者；政信信托兼具政信优势和信托优势，同样具有较高的安全性，收益也比国债、地方债要高出不少；政府产业投资基金主要以股权为主，与其他类固定收益产品不同，收益主要来源于股利和股权退出收益；政信私募债作为一种更灵活的政信金融产品，同样具有政府信用的背书，产品收益也相对较高，投资门槛较低，受到很多投资人的欢迎。

在政信金融产品的投资过程中，不同的产品有着不同的风险和收益，不同的投资人也有着各自不同的投资习惯和爱好，如何选出一款适合自己的政信产品至关重要。在选择政信产品时，投资人首先要选择项目融资方、还款方、建设方、运营管理方均具有国资背景的政信项目，即具有“国资建、国资管、国资融、国资还”的“四国”优势产品。其次要选择具有投资闭环的项目，即项目管理人要参与到项目的各个环节形成闭环，项目所在的政府规划形成闭环且项目在其中具有主要地位，项目的投资、融资、管理，要形成各自的闭环以控制风险。最后还要选择公司治理结构完善，项目设立、投决、风控、投后等各环节合规审慎的项目管理人。

19 世纪，美国西部淘金热，大量的农民、工人、公务员甚至传教士都参与其中，积累了大量的财富，而取得更多财富的则是出售铁锹、铲子、牛仔裤等淘金客生活必需品的商人。如今，政信金融产品因为有着非常小的投资风险，有着可观的投资收益，而受到越来越多投资人的关注。投资政信金融产品固然能获得不菲的投资收益，更想在政信金融的浪潮中获得更多的财富，就需要全身心地投入到政信金融的事业之中，成为城市建设和运营的“合伙人”，成为城市政信事业的“合伙人”，搭建起属于自己的政信金融事业平台。

大国导师厉以宁曾在中国 PPP 投资论坛上提到，政信金融发展的探索成果，对中国进一步深化改革有很大帮助。政信金融是投资中国、利国利民的大事。随着 50 万亿元新基建项目的逐步落地，随着中国经济改革的逐步深入，随着中国城市化建设的加速推进，政信金融必将迎来新的一波浪潮。紧跟国家政策变化，积极入局政信事业，掘金新时代金矿。

丘吉尔说：“乐观的人在每个危机里看到机会，悲观的人在每个机会里看见危机。”在人类历史“百年未有之大变局”中的每个人都是这段历史的见证者。2020 年见证了我们的国家和人民如何悲壮而勇敢地战胜严重的疫情，我们也见证了全球百万亿财富的灰飞烟灭。当危机来临时，国家的正确决策使我们保住了生命和健康，保住了国家未来长远发展的根基。经历 2020 年，我们深刻体会了什么是我们的制度优势，什么是政府的担当，什么是“人民至上”的理念，什么是主权信用的力量。在充满不稳定的“历史大变局”中，这就是我们前行的力量。

当逆全球化思潮泛起，大国的复兴和崛起路上必定要经历磨炼和考验。困境从来不会压垮我们的民族，反而是我们苦练内功的机遇，是我们的国家和政府深入挖掘国家内部最硬核的经济发展潜力——14 亿人民的广阔市场和无穷的创新力量的时机。

人类历史的每次大变局都是很多人改变命运的机遇，而作为普通人能否抓住机遇的关键是能否跟上国家发展的快车，参与到与国共赢的事业中，抓住新一轮的造富机遇，实现人生逆袭。

参考文献

[1] 姜超等．理解黑天鹅，否极泰来——2020 年 2 季度中国经济与资本市场展望［Z］．海通证券，2020-02-26.

[2] 平安证券宏观深度报告：梦回 2008，警惕国际市场“危机模式”［Z］．平安证券，2020-03-12.

[3] 浙商证券害观研究：全球 Risk_ off 模式会持续多久？［Z］．浙商证券，2020-02-25.

[4] 国陡立证券海外隔夜观察：42 国拟加强对科技输出的限制［Z］．国联证券，2020-02-25.

[5] 光大证券油价影响系列报告之二：历数 40 年油价暴跌，影响几何？［Z］．光大证券，2020-03-11.

[6] 光大证券对近期美股大跌的点评：海外市场面临大考［Z］．光大证券，2020-02-26.

[7] 川财证券关于对 2020 年 2 月 28 日美联储回应美股下跌的点评：美股下挫引发美联储承诺必要时采取行动［Z］．川财证券，2020-02-29.

[8] 民生证券宏观专题报告：评美联储紧急降息 50BP，只靠美联储降息，阻止不了美国经济衰退［Z］．民生证券，2020-03-04.

［9］办公软件：Zoom 何以成为视频会议赶超者［Z］. 兴业证券，2020-03-07.

［10］高亨 . 周易古经今注（重订本）［M］. 北京：中华书局有限责任公司，1984.

［11］钱逊 .《论语》读本［M］. 北京：中华书局股份有限公司，2007.

［12］万丽华，蓝旭 . 中华经典藏书——孟子［M］. 北京：中华书局股份有限公司，2013.

［13］王弼，楼宇烈 . 老子道德经注［M］. 北京：中华书局股份有限公司，2011.

［14］高阳 . 胡雪岩全传［M］. 北京：中国友谊出版公司，1995.

［15］吴晓波 . 历代经济变革得失［M］. 杭州：浙江大学出版社，2013.

［16］王文良 . 中国地主制经济研究［D］. 西北农林科技大学硕士学位论文，2005.

［17］王兴康 . 斯密的人性观［N］. 深圳特区报，2018-03-13（B07）.

［18］唐中华 . 利奥十世：美第奇家族的首位罗马教皇［J］. 世界文化，2018（11）：9-11.

［19］唐中华 . 科西莫·德·美第奇：开启欧洲文艺复兴的人［J］. 世界文化，2018（7）：13-17.

［20］张锐 . 罗斯柴尔德家族：神秘笼罩下的“金融巨鳄”（下）［J］. 对外经贸实务，2018（10）：12-16.

［21］尼尔·弗格森，顾锦生 . 罗斯柴尔德的生意［J］. 21 世纪商业评论，2018（5）：82-87.

［22］马君海 . 神秘的罗斯柴尔德家族［J］. IT 经理世界，2014（18）：94-95.

[23]“海上马车夫”的前世今生［J］. 编辑学刊，2020（2）：11.

[24] 朱昊，王蕾. 十七世纪“海上马车夫”的崛起［J］. 中国外资，2011（24）：33.

[25] 方晓. 金融的力量——荷兰的崛起与衰落（上）［J］. 金融博览（财富），2018（8）：79-81.

[26] 方晓. 金融的力量——荷兰的崛起与衰落（下）［J］. 金融博览（财富），2018（9）：78-80.

[27] 方风雷，殷索亚. 新加坡政府的投资智慧［J］. 中国外汇，2020（1）：49-51.

[28] 李珊. 淡马锡马中投公司海外投资的启示［J］. 河北企业，2019（8）：133-134.

[29] 徐静冉，吕汉阳. 淡马锡模式对我国国有资产管理体制的启示［J］. 智慧中国，2020（4）：34-37.

[30] Wikipedia Contributors. Kuwait Investment Authority. In Wikipedia，The Free Encyclopedia［J］. Retrieved，2020，7（2）：37.

[31] Wikipedia contributors. Government Pension Fund of Norway. In Wikipedia，The Free Encyclopedia［J］. Retrieved，2020，7（2）：38.

[32] 裴棕伟. 新共赢生态——政信金融投资指南［M］. 北京：中国金融出版社，2019.

[33] 中央财经大学政信研究院. 中国 PPP 蓝皮书：中国 PPP 行业发展报告（2017-2018）［M］. 北京：社会科学文献出版社，2019.

[34] 高培勇. 国债运行机制研究［M］. 北京：商务印书馆，1999.

[35] 张秉国. 国债基础知识与事务［M］. 北京：经济科学出版社，2015.

[36] 马金华，许晖. 如何投资国债［M］. 北京：经济科学出版社，2012.

[37] 2015：中国地方债务管理改革元年［EB/OL］. 中国经济网，

2016-02-06.

［38］农业银行助力地方财政，积极筹备柜台地方债上线［EB/OL］. 中国新闻网，2019-03-18.

［39］国家发展和改革委．政府出资产业投资基金管理暂行办法［C］. 有关起草背景和内容介绍，2017.

［40］现代咨询研究院．数据观察之 PPP 资产证券化．

［41］王楚珺．PPP 资产证券化实践研究——以庆春路隧道项目为例［D］. 浙江大学硕士学位论文，2018.

后记

始于 1978 年的改革开放，是中国一部波澜壮阔的鸿篇巨制，中国不仅创造了巨大的社会财富，还造就了大批的中产群体，堪称人类历史发展的奇迹。随着全面建成小康社会的目标达成，改革开放进入深水区，我国将从 2020~2035 年基本实现社会主义现代化，从 2035 年到 21 世纪中叶建成“富强　民主　文明　和谐　美丽”的社会主义现代化强国。国家已经为我们搭建了共赢的新生态，再造下一个发展奇迹，当下的每个人都是这个新生态的参与者。

作为最早一批从事政信金融的团队，深感于政信金融对国家、个人、家族财富创造的重要作用，也对国家的复兴之路更加充满信心。在本书编著过程中，笔者多方咨询和请教，查阅大量史料，组织专业人士深入研究，几经修改补充完善，终成定稿。

在此感谢各分子公司、各部门同事提出的宝贵意见和大力支持，感谢专业人士的指导和斧正。本书的顺利出版是大家倾力相助的结果。

谨以此书献给我们这个时代的同路人，以期为政信事业做出些许贡献，在与国共赢的路上与广大读者共飨新时代政信红利。

因水平有限，书中难免存在纰漏，希望广大读者批评指正，联系邮箱：service@guotouxinda. com。

中国政信金融研究课题组

2020 年 6 月